Peter und Dorothee Gleiss

# Jüngerschaft lernen im Hauskreis

Peter und Dorothee Gleiss

# Jüngerschaft lernen im Hauskreis

Arbeitsmaterial und Zeugnisse

Dieses Buch ist eine Überarbeitung und Erweiterung des Titels
„Macht sie zu Jüngern"

Mit freundlicher Genehmigung durften Zeugnisse und kurze Texte von anderen Verfassern übernommen werden. Die Bibelzitate wurden – wenn nicht anders angegeben – dem revidierten Luthertext 1975 entnommen.

Copyright © 1998 Asaph-Verlag, D-Lüdenscheid

Umschlaggestaltung: IMAGE GRAFIK-Design, D-Landsberg
DTP / EBV: Verlagsagentur H. Otto, D-Monheim
Druck: Breklumer Druckerei M. Siegel, D-Breklum


ISBN: 3-931025-37-7
Best.-Nr.: 147537


Für kostenlose Informationen über unser umfangreiches
Lieferprogramm an Büchern, Musik usw.
schreiben Sie bitte an:

ASAPH, D-58478 Lüdenscheid
eMail: ASAPH@T-Online.de

## Vorwort von Walter Heidenreich

Als ich die Anfrage von Peter und Dorothee Gleiss bekam, das Vorwort für das vorliegende Buch zu schreiben, dachte ich im ersten Moment: „Schon wieder ein Buch unter vielen Büchern auf dem christlichen Buchmarkt in Deutschland." Weil ich jedoch die Autoren bereits über viele Jahre persönlich kenne und schätze und sie mir besonders wertvoll durch die Zusammenarbeit beim Marsch für Jesus 1992 und 1994 geworden sind, entschied ich mich, dieses Buch ein wenig mehr unter die Lupe zu nehmen.

Was ich dann las, hat mich wirklich ergriffen. Viele grundlegende, biblische Wahrheiten über Jüngerschaft, Leiterschaft und missionarischen Lebensstil werden dem Leser auf eine lebendige und erfrischende Art und Weise nahegebracht. Dieses Buch wird jedem helfen, Jesus näher kennenzulernen und das Reich Gottes auszubreiten.

Die zahlreichen, sehr unterschiedlichen Zeugnisse tragen mit dazu bei, daß es nicht theoretisch bleibt und man statt dessen von den faszinierenden Wunderwirkungen Gottes an und durch Menschen gefesselt wird.

Dieses Buch ist eine echte Ermutigung, sich auf die spannenden Abenteuer mit Gott einzulassen und Verantwortung in den Gemeinden und Kirchen zu übernehmen. *Ein praktischeres Buch zu diesem Thema ist mir nicht bekannt.* Ein Buch, daß jeder verantwortungsbewußte Christ, der Gott und die Menschen liebt, lesen und einsetzen sollte.
Peter und Dorothee, vielen Dank!

Lüdenscheid, April 1998

## Wobei soll das Buch helfen?

Es soll eine **praktische Hilfe** sein für Hauskreisleiter – auch für noch ungeübte – mit geringem Zeitaufwand jede Woche eine Einheit für einen Erwachsenen- oder Jugendhauskreis zu erarbeiten.
Dafür sind hier **Fragen** als Gesprächshilfe, anschauliche **Beispiele und Zeugnisse** zusammengestellt.
Jesus will, daß wir Menschen zu Jüngern machen. Es ist sein Ziel, daß sie im Laufe der Zeit selbst „Jünger-macher" werden. Das soll auch das Ziel einer missionarischen Hauskreisarbeit sein.
Die **Wesensveränderung** eines Menschen, der Jesus nachfolgen will, braucht Zeit. Deshalb sind zu den einzelnen Themen immer mehrere Einheiten vorgesehen, die aufeinander aufbauen und praktisch umgesetzt werden können.

Dieses Buch ist auch für Leiter, die einen Kreis von Bekehrten und „Noch-nicht-Bekehrten" leiten. Mit dem **Grundkurs** kann eine gemeinsame Basis entstehen – für die einen als Vertiefung und für die andern als Hilfe zur Entscheidung für Jesus Christus.

# INHALT

**Vorwort von Walter Heidenreich** .......................... 5
**Wobei soll das Buch helfen?** .............................. 6

**Einleitung**
  1. Die drei wichtigsten Kennzeichen eines Leiters ............ 11
  2. Hinweise für einen Leiter .............................. 12
  3. Der Hauskreisleiter als Vorbild ....................... 13
  4. „Handwerkszeug" ..................................... 14

**I. Grundkurs des Glaubens**
  **1. Das Haus auf Sand oder Fels** ....................... 16
    „Ich brauche keine Angst mehr zu haben."
  **2. Gottes Liebe und sein guter Plan für jeden Menschen** ..... 21
    „Ich suchte nach dem Sinn meines Lebens"
  **3. Der Mensch lebt in der Trennung von Gott** .............. 26
    „Auf der Suche"
    „Vom Mordanschlag zu Jesus Christus"
  **4. Jesus Christus ist an unserer Stelle hingerichtet** .......... 35
    „Ein Gespräch im Himmel"
    „Ein Barabbas aus unserer Zeit"
  **5. Jesus Christus persönlich annehmen** .................. 41
    „Ich kann doch nicht alles aufgeben!"
  **6. Der Heilige Geist 1:** Früchte ........................ 47
  **7. Der Heilige Geist 2:** Blockaden beseitigen – Beichte ....... 52
  **8. Der Heilige Geist 3:** Gaben .......................... 57
    „Im Vorhof der Hölle"
    „Sprachengebet und Auslegung"
  **9. Gemeinschaft mit Jesus Christus in der „Stillen Zeit"** ..... 64
    „Mein Herz – Christi Wohnung"
    Vier Fragen zur „Stillen Zeit" an Tim Ruthven

**II. Wachsen im Glauben**
  **Stille Zeit 1**: Stille Zeit – praktisch ..................... 70
    „Im Rosengarten"
  **Stille Zeit 2**: Erste Erfahrungen ........................ 76
    „Erfahrungen einer vielbeschäftigten Hausfrau"
  **Stille Zeit 3:** Gottes gute Saat ........................ 78
    „Unter dem Schirm des Höchsten sitzen"

**Vergebung 1:** Schuld und Vergebung .................... 82
  „Das Vaterherz Gottes"
**Vergebung 2:** Blockaden beseitigen – Beichte .............. 87
**Vergebung 3:** Freude über die Vergebung ................. 87
  „Es ist so einfach"
**Vergebung 4:**
  „Wie der Herr euch vergeben hat, so vergebt auch ihr!" ..... 90
  „Liebt eure Feinde"
**Vergebung 5:** Dreifache Vergebung ...................... 95
  „Zweiundvierzig Jahre Haß"
**Vergebung 6:** Vergebung und Innere Heilung ............... 102
  „Rückenschmerzen"
  „Das Schwarz-auf-Weiß der Vergebung"
**Befreiung von okkulten Bindungen:** Darstellung ........... 111
  „Augenzeuge des Unsichtbaren"
  „Die Rundhütte"
  Liste der okkulten Bereiche
  Das Lossage-Gebet
**Vom Heiligen Geist geführt 1:**
  Die leise Stimme des Heiligen Geistes ................... 120
**Vom Heiligen Geist geführt 2:**
  Wie kann ich die Stimme Gottes hören? ................. 122
**Vom Heiligen Geist geführt 3:**
  Wie kann man den Willen Gottes erkennen? .............. 123
  „Eine dicke Sache"
**Nicht sorgen 1:** Sorgen erkennen ........................ 130
  „Auf dem falschen Flughafen"
**Nicht sorgen 2:** Sorgen abgeben ......................... 133
  „Der leere Korb"
**Nicht sorgen 3:** Frei von Sorgen leben ................... 137
  „Ein Märtyrer unserer Zeit"
**Nicht sorgen 4:** Der Zehnte ............................ 141
  „Der Zehnte – ein Segen"
  „Ein Perlensucher"
  „Der Zehnte – ein Risiko?"
  „An der Existenzgrenze"
  „Der Zehnte"
**Denken und Reden 1:** Über mich selbst ................... 157
  „Wer bin ich?"
**Denken und Reden 2:** Absalom .......................... 160
**Denken und Reden 3:** Pharisäer und Zöllner .............. 164

**Denken und Reden 4:** Reinigung der Lippen . . . . . . . . . . . . . 167
**Denken und Reden 5:** Redet, was gut ist . . . . . . . . . . . . . . . . 170
**Denken und Reden 6:** Umgang mit schwierigen Menschen . . . . 173
  „Mit dem ganzen Haus verkracht"
  „Das Betriebsklima"
**Loben 1:** Die Augen auf Gott richten . . . . . . . . . . . . . . . . . . . . 177
  „Lobpreis schafft Veränderung"
**Loben 2:** Loben ist der erste Schritt zum Sieg . . . . . . . . . . . . . 181
  „Im Danken steckt Kraft"
**Loben 3:** Gott jederzeit loben – Psalm 34 . . . . . . . . . . . . . . 184
  „Der Unfall"
**Fürbitte** . . . . . . . . . . . . . . . . . . . . . . . . . . . . . . . . . . . . . . . . . 188

## III. Missionarisch leben lernen
  **Der Auftrag 1:** Jünger gehen . . . . . . . . . . . . . . . . . . . . . . . . 190
  **Der Auftrag 2:** Eingesetzt als Zeuge . . . . . . . . . . . . . . . . . . 192
    „Keine Angst mehr vor dem Tod"
  **Verfügbar werden 1:** Einheit . . . . . . . . . . . . . . . . . . . . . . . 195
  **Verfügbar werden 2:** Die Waffenrüstung Gottes anziehen . . . . . 198
    „Den Teufel in die Flucht schlagen"
  **Verfügbar werden 3:** Gehorsam – Ungehorsam – Zweifel . . . . . 201
  **Macht sie zu Jüngern 1:** Mein Kurz-Zeugnis . . . . . . . . . . . . . . 203
  **Macht sie zu Jüngern 2:** Evangelium konkret . . . . . . . . . . . . 205
  **Evangelisation praktisch:** Der Gäste-Abend . . . . . . . . . . . . . . 209

**Zeugnisse und Geschichten** in den Arbeitsblättern
  „Ich brauche keine Angst mehr zu haben." (C. Willwacher) . . . . . 19
  „Ich suchte nach dem Sinn meines Lebens" (D. Gleiss) . . . . . . . 24
  „Auf der Suche" (N. Krieger-Nissen) . . . . . . . . . . . . . . . . . . . . 29
  „Vom Mordanschlag zu Jesus Christus" (B. Hahnhausen) . . . . . . 31
  „Ein Gespräch im Himmel" (G. Ahrend) . . . . . . . . . . . . . . . . . 37
  „Ein Barabbas aus unserer Zeit" (G. Herrendorff) . . . . . . . . . . . 38
  „Ich kann doch nicht alles aufgeben!" (M. Zimmermann) . . . . . 45
  „Der Heilige Geist und seine Früchte" . . . . . . . . . . . . . . . . . . . 49
  „Im Vorhof der Hölle" (J. Pullinger) . . . . . . . . . . . . . . . . . . . . 59
  „Sprachengebet und Auslegung" (J. Pullinger) . . . . . . . . . . . . . 61
  „Mein Herz – Christi Wohnung" (R. B. Munger) . . . . . . . . . . . . 64
  „Im Rosengarten" (D. Gleiss) . . . . . . . . . . . . . . . . . . . . . . . . . 72
  „Erfahrungen einer vielbeschäftigten Hausfrau" . . . . . . . . . . . . 77
  „Unter dem Schirm des Höchsten sitzen" (T. Ruthven) . . . . . . . . 79
  „Das Vaterherz Gottes" (F. McClung) . . . . . . . . . . . . . . . . . . . 84

„Es ist so einfach" (D. Gleiss) .......................... 88
„Liebt eure Feinde" (C. ten Boom) ....................... 92
„42 Jahre Haß" (G. Bertram) ............................. 99
„Rückenschmerzen" ..................................... 105
„Das Schwarz-auf-Weiß der Vergebung" (C. ten Boom) ....... 108
„Augenzeuge des Unsichtbaren" (I. Ellßel) ................ 111
„Die Rundhütte" ....................................... 115
„Eine dicke Sache" (W. Heidenreich) ..................... 123
„Auf dem falschen Flughafen" (Ph. Savile) ................ 131
„Der leere Korb" (P. St. John) .......................... 134
„Ein Märtyrer unserer Zeit" ............................. 138
„Der Zehnte – ein Segen" (P. Gleiss) .................... 141
„Ein Perlensucher" (nach J. C. Ortiz) ................... 146
„Der Zehnte – ein Risiko?" (D. Gleiss) .................. 147
„An der Existenzgrenze" ................................ 148
„Der Zehnte" (A. Edvardsen) ............................ 149
„Wer bin ich?" (M. Prean) .............................. 159
„Mit dem ganzen Haus verkracht" (E. Neumann) ............ 175
„Das Betriebsklima" (E. Neumann) ....................... 175
„Lobpreis schafft Veränderung" (H. Scheytt) ............. 178
„Im Danken steckt Kraft" (U. Horn) ..................... 182
„Der Unfall" (J. Wise) ................................. 185
„Keine Angst mehr vor dem Tod" (J. Tson) ............... 193
„Den Teufel in die Flucht schlagen" (D. Gleiss) ......... 199

**Anhang**
Eine Woche „Stille Zeit" ............................... 212

# 1. Die drei wichtigsten Kennzeichen eines Leiters

Oft beruft Gott Menschen zu Leitern, denen wir diese Aufgabe zunächst nicht zutrauen. Menschen, die von vielen übersehen werden, wählt Gott aus.
Gott wählte sie aus, weil sie ein ihm hingegebenes Herz haben, weil sie bereit waren, ihm zu dienen und zu lernen, weil sie sich im Reich Gottes engagierten. Das war wichtiger als andere auffallende Begabungen. Gott erwählt, was nach menschlicher Beurteilung oft unbedeutend ist. Die sich für klug und fähig halten, sind für Gott nicht geeignet.
„Seht doch, liebe Brüder, auf eure Berufung: Nicht viele Weise nach dem Urteil der Menschen, nicht viele Mächtige, nicht viele Vornehme sind berufen. Sondern was töricht ist vor der Welt, das hat Gott erwählt, um die Weisen zuschanden zu machen; und was schwach ist vor der Welt, das hat Gott erwählt, um zuschanden zu machen, was stark ist; und das Geringe vor der Welt und das Verachtete hat Gott erwählt, das, was nichts ist, um zunichte zu machen, was etwas ist, damit sich kein Mensch vor Gott rühmen kann. Durch ihn aber seid ihr in Christus Jesus, der uns von Gott her zur Weisheit und zur Gerechtigkeit und zur Heiligung und zur Erlösung geworden ist, damit gilt, wie geschrieben steht: Wer sich rühmt, der rühme sich des Herrn!" (1. Korinther 1,26 bis 31)

Bei einer Umfrage in einem theologischen Seminar ging es um die Kennzeichen, nach denen ein Kleingruppenleiter ausgewählt werden sollte. Hier sind die drei wichtigsten Kennzeichen:
- **Jemand, der Jesus Christus liebt und mit dem Heiligen Geist erfüllt ist.**
    Jemand, der durch Gebet und regelmäßiges Bibellesen im Glauben wächst und der nichts anderes will, als Jesus Christus zu gehorchen.
- **Jemand, der die Gemeinde liebt.**
    Er liebt und achtet die Geschwister – obwohl sie unvollkommen sind. „Vergebt einander, wenn einer gegen den andern eine Klage hat; wie der Herr euch vergeben hat, so vergebt auch ihr" (Kolosser 3,13). Er fügt sich in die Gemeinde ein, er bemüht sich um die Einheit des Leibes Christi, er setzt sich ein für das innere und äußere Wachstum.
- **Jemand, der die verlorenen Menschen liebt.**
    Er kümmert sich mit Geduld um die Menschen, die Jesus noch nicht angenommen haben, weil Jesus sie liebt und für sie gestorben ist. Er hört ihnen zu, er dient ihnen, er ist mit seinem Leben und mit seinen Taten und Worten ein Zeuge der Liebe und Rettung Jesu.

## 2. Hinweise für einen Leiter

Es ist wichtig, daß Sie in einer lebendigen Gemeinde eingebunden und Ihrer Gemeindeleitung untergeordnet sind. Stellen Sie sich hinter sie mit Ihrem Gebet und Ihrer Hilfe. Gott hat ihnen (oder ihm) einige Gaben gegeben und andere nicht. Vermeiden Sie jeden Vorwurf und jedes „eigentlich" in Gedanken und Worten, damit Sie sich nicht gegen den Geber der Gaben richten. Er gibt jedem einige Gaben und keinem alle.
Beten Sie für die Menschen, die Gott Ihnen im Hauskreis anvertraut hat. Fördern Sie die Anteilnahme und Liebe untereinander. Die Schwachen brauchen die Starken – und die Starken brauchen die Schwachen.
Schlagen Sie vor, daß die Mitglieder Ihrer Gruppe füreinander beten. Man kann dafür z. B. jede Woche Zettel mit Namen ziehen lassen. Jeder betet täglich für einen andern.
Nur das können Sie überzeugend lehren und weitergeben, was Sie selbst tun (z. B. Bibellesen, nicht negativ über andere reden, vergeben …).
Bleiben Sie so lange bei einem Thema, bis möglichst alle angefangen haben, es umzusetzen.
Auf Fragen sollten Sie kurz eingehen. Fragen, die nicht direkt zum Thema gehören, können Sie am Ende der Zusammenkunft oder später in einem verabredeten Einzelgespräch besprechen. Sagen Sie es offen, wenn Sie eine Frage nicht beantworten können. Fragen Sie Ihre Gemeindeleitung danach.
Ihre Grundhaltung sollte sein: „Herr, nicht meine Meinung ist wichtig, sondern das, was du in deinem Wort sagst."
Achten Sie darauf, daß der Kreis sich nicht an unverständlichen oder komplizierten Stellen eines Textes aufhält. Wenn man ein Kotelett ißt, legt man den Knochen zur Seite und genießt das Fleisch. Es geht darum, keine „Knochensammlung" anzulegen, sondern sich von dem „Fleisch" zu ernähren.
Wer im Reich Gottes arbeitet, darf gewiß sein, daß es um „Ewigkeitswerte" geht und „daß die Arbeit nicht vergeblich ist im Herrn" (1. Korinther 15,58).
Jesus hat seinen Jüngern versprochen – also auch Ihnen: „Ich bin bei euch!" (Matthäus 28,20)
Er wird Sie segnen und durch Sie viele andere.

## 3. Der Hauskreisleiter als Vorbild

„Folgt meinem Beispiel wie ich dem Beispiel Christi." 1. Korinther 11,1

1. Tägliche „Stille Zeit"
   „Am Morgen, schon vor Tag, stand Jesus auf ... um zu beten."
   Markus 1,35
   „Laß mich am Morgen hören deine Gnade, denn ich hoffe auf dich. Tu mir kund den Weg, den ich gehen soll."
   Psalm 143,8

2. Jedes Jahr das NT ganz lesen
   (Möglichst auch das AT)
   „Ich freue mich über dein Wort wie einer, der große Beute macht." Psalm 119,162
   „Wie hab ich dein Wort so lieb, täglich sinne ich ihm nach."
   Psalm 119,97

3. Wöchentlich im Gottesdienst
   „Verlaßt eure Gemeindeversammlungen nicht!"
   Hebräer 10,25

4. Der Zehnte
   „Bringt die Zehnten in voller Höhe in mein Vorratshaus."
   Maleachi 3,10

5. Klares Kurz-Zeugnis (höchstens 5 Minuten)
   „Wir können es nicht lassen von dem zu reden, was wir gesehen und gehört haben."
   Apostelgeschichte 4,20

## 4. „Handwerkszeug"

Neue Menschen kommen meist ohne Bibeln. Darum – wenn es möglich ist – **Neue Testamente** in einer guten, neuen Übersetzung besorgen, z. B. die „Hoffnung für alle", die auch als preiswerte Sonderausgabe erhältlich ist.

---

Als gute Hilfe für die Stille Zeit empfehlen wir das Buch von Tim Ruthven „Edelsteine" – Neues Testament, mit Auslegungen für ein ganzes Jahr. Es ist in jeder Buchhandlung oder direkt beim AS-APH-Verlag (Anschrift vorne im Buch) erhältlich.
Das Markus-Evangelium als Auszug aus den „Edelsteinen" (für 31 Tage Bibellese) kann man als Probeheft bestellen. (5 Exemplare kostenlos, ab 6. Heft 1,- DM Schutzgebühr.)
Den Bibelleseplan dieser Auslegungen – Bendorfer Kärtchen Nr. 12 – sollte jeder Teilnehmer haben. Früh genug bestellen! (bei ASAPH)

---

   So sind Fragen an die Teilnehmer hervorgehoben.

   Alle schlagen einen Bibelabschnitt auf.

   Dazu Papier an der Wand aufhängen.

Es ist hilfreich, etwas anzuschreiben oder anzuzeichnen. Meist genügt ein DIN A4- oder A-3-Blatt.
Die Zeichnungen sind bewußt so einfach gehalten, daß sie auch ein absoluter „Nicht-Zeichner" auf's Papier bringen kann. Sie dürfen großzügig und „krakelig" sein. Das spielt keine Rolle. Aber es ist wichtig, etwas anschaulich und dadurch behältlich zu machen. Sie finden in Ihrem Zimmer bestimmt einen Platz für ein großes Blatt Papier, das Sie mit einem Klebestreifen an einen Schrank, an ein Bild oder eine Wand heften können.

# I.
# Grundkurs des Glaubens

# 1. Das Haus auf Sand oder Fels

**Vorbereitung:**
- Dank, den Heiligen Geist um Weisheit und Führung bitten, Fürbitte
- 2 große Blätter für Zeichnungen und Stichworte, Filzschreiber
- Wenn Kopiermöglichkeit vorhanden ist:
- Haus am Abhang kopieren oder vergrößern
- Möglichst für jeden ein NT

**? 1. „Was sehen Menschen als Fundament und Sicherheit für ihr Leben an?"**

Zeichnung beginnen:
in den „Sand" die Stichworte der Teilnehmer eintragen, z. B.

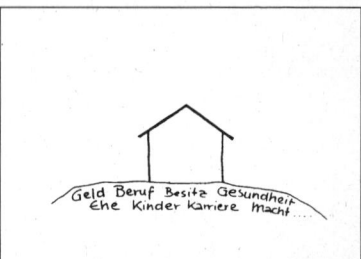

**? 2. „Welche Lebenskrisen können uns bedrohen?"**

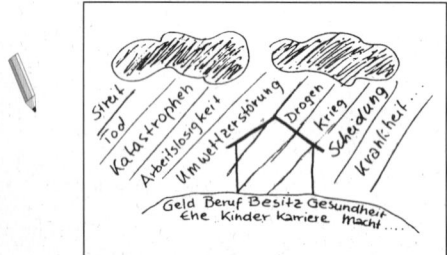

Stichworte in die Zeichnung eintragen, z. B.

Die Kopie „Haus am Abhang" aufhängen

**?** 3. „Wie können Menschen reagieren,
wenn ihr Fundament zusammenbricht?"

✏️ Stichworte in die „Flutwellen" eintragen.

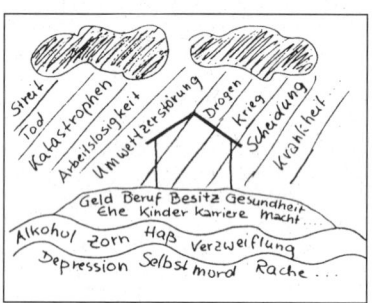

**?** 4. „Welches ist der feste Grund,
wenn Lebenskrisen kommen?
**Was steht dazu in der Bibel?"**

✏️ Stichworte in die
2. Zeichnung eintragen.

Für jeden ein NT
ausgeben
(Seitenzahl angeben)

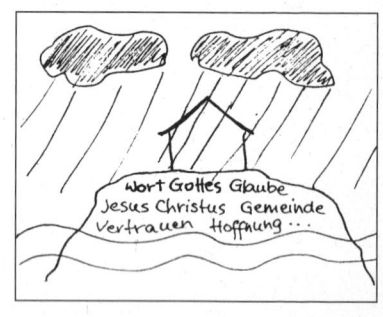

📖 **5. Matthäus 7,24 bis 27** vorlesen.
Gespräch über diesen Abschnitt

**?** z. B. „Was ist euch neu dabei? – Was ist euch wichtig?"
Zeit lassen zum Nachdenken.
Evtl. weitere Stichworte eintragen.

Aufschlagen und lesen: **1. Korinther 3,11**
(Seitenzahl angeben)
„Einen andern Grund kann niemand legen außer dem, der gelegt ist: Jesus Christus."

**6. Vorlesen:** „Ich brauche keine Angst mehr zu haben."

Bei den nächsten Zusammenkünften wollen wir davon sprechen, wie unser „Lebenshaus" auf dieses Fundament kommen kann.

Wenn der Leiter wieder allein ist: Dank und Fürbitte.

**„Ich brauche keine Angst mehr zu haben!"**
Christa Willwacher (etwa 4 Minuten)

Bevor Jesus in mein Leben kam, war ich ein ganz lauer Christ. Wenn es mir schlecht ging und ich Gott brauchte, habe ich um Hilfe gebeten, aber sonst wollte ich mein Leben selbst regeln. Auch das Danken habe ich meistens vergessen. Mein Leben plätscherte so dahin.
1962 haben wir geheiratet, wir haben drei Kinder und führten eine ganz normale Ehe. Wir bekamen große Probleme mit einem unserer Kinder. Manchmal dachte ich, daß ich es nicht mehr verkraften kann. Immer mehr Probleme stürmten auf mich ein. Ich versuchte andere aufzurichten, aber ich hatte selbst kaum noch Kraft. Alles war mir zuviel. Oft spielte ich in dieser Zeit mit dem Gedanken, meinem Leben ein Ende zu setzen. Immer hatte ich versucht, mit meinen Schwierigkeiten allein fertig zu werden, aber es ging einfach nicht mehr.
Da lernte ich Jesus kennen. Die Schwester meines Mannes und deren Mann trafen sich in unserer Nähe zu einem Bibelgesprächsabend, und ich ging da auch hin. Ich war sehr hungrig nach Gott und schon einige Zeit auf der Suche nach einem Halt. Schon am ersten Abend merkte ich, daß mir Gott seine Hand reichte. Von diesem ersten Gespräch und den Worten der Bibel kam solch ein Friede über mich, daß ich unbedingt noch mehr wissen wollte. Es wurde mir immer leichter ums Herz und ich spürte, daß es das war, was ich schon lange ersehnt hatte. Ich brauchte nicht mehr länger zu suchen, ich hatte jetzt Jesus.
Von da an wollte ich den Weg nicht mehr allein gehen. Ich habe mich in mein Zimmer zurückgezogen, um mit Jesus ganz allein zu sein. Und ich habe ihm mein ganzes Leben in einem Gebet anvertraut.

Von da an wurde meine Gemeinschaft mit Jesus immer intensiver. Ich merkte, wie Jesus mein Leben immer mehr veränderte. Ich mußte noch manche Schwierigkeiten ertragen – dazu gehörte auch eine Krebs-Operation, aber ich war nicht mehr allein. Jesus war bei mir. Er hat mich gestärkt und getragen.

Vorher war ich ein sehr ängstlicher Mensch. Ich hatte Angst um meine Kinder, Angst, wenn alle aus dem Haus waren, Angst vor Krankheit, Angst um alles. Angst war mein ständiger Begleiter. Hätte ich diese Krankheit bekommen, bevor ich zu Jesus kam, ich weiß nicht, wie ich damit fertig geworden wäre. Probleme – und die werden ja immer noch kommen – brauche ich jetzt nicht mehr allein zu tragen. Jetzt ist mir klar, daß Jesus viele Dinge in meinem Leben zugelassen hat, damit ich ihn in mein Leben aufnehme. Ich brauche keine Ängste mehr zu haben. Ich brauche vor nichts mehr davonzulaufen. Mein himmlischer Vater läßt mich nie mehr allein. Ich kann immer zu ihm kommen. Er hält mich ganz fest.

Mein Leben hat sich von Grund auf verändert. Ich brauche meine Probleme nicht mehr alleine zu lösen, und ich bin sehr glücklich, daß ich ein Kind Gottes bin. Ich bekomme von Jesus immer die Kraft, die ich brauche. Ich danke Gott für seine unendliche Liebe.

# 2. Gottes Liebe
# und sein guter Plan für jeden Menschen

**Vorbereitung:**
- Dank, den Heiligen Geist um Weisheit und Führung bitten, Fürbitte
- Ein Blatt und Filzschreiber
- Ein größeres Blatt für die Zeichnung mit dem Menschen
  (z. B. dazu 2 DIN A-4 Blätter aneinanderkleben.)

**?** **1. Wie wünschen wir uns die Liebe eines anderen Menschen?**
Denken Sie dabei an Eltern, Ehepartner, Kinder und Freunde.

Stichworte anschreiben.

Der Leiter kann ergänzen: Es gibt keine Liebesbeziehung unter Menschen ohne Verletzungen und Enttäuschungen. Jeder wünscht sich uneingeschränkte Liebe, und jeder ist schon enttäuscht worden.

**2. Erklärungen zu Lukas 19,1 bis 10**
Israel war von den Römern erobert worden und wurde von der Besatzungsmacht unterdrückt und ausgebeutet.
Die Römer „verpachteten" Steuerbezirke an Einheimische, so daß die Steuereintreiber mit Leichtigkeit viel Geld in die eigene Tasche stecken konnten. Sie waren deshalb bei ihren eigenen Landsleuten verhaßt.
Zachäus gehörte zum Volk Israel. Er hatte sich als Steuereinnehmer einstellen lassen. Mit der Zeit wurde er sogar „Oberzöllner". Er arbeitete also als „Ausbeuter" für die Besatzungsmacht und damit gegen sein eigenes Volk.
Was in der Bibel mit Zoll bezeichnet wird, meint Steuer.

 **3. Lukas 19,1 bis 10 lesen**
(Seitenzahl angeben)

Erzählen (oder vorlesen): Neuigkeiten haben sich zu allen Zeiten sehr schnell verbreitet, auch ohne moderne Kommunikationsmittel. So war damals „der Name Jesu bekannt" (Markus 6,14) bis in den Königspalast des Herodes. Die Wundertaten Jesu waren Tagesgespräch im ganzen Land. So wird auch Zachäus in Jericho von ihm gehört haben, daß Blinde

wieder sehend geworden waren, Gelähmte wieder gehen konnten, Leprakranke geheilt wurden, ja sogar Tote hatte Jesus auferweckt.
Vielleicht war gerade einer seiner Diener (denn er war ja sehr reich!) vom Markt gekommen und hatte berichtet, daß viele Menschen auf den Beinen waren, um Jesus, den Wundertäter, zu sehen, der mit seinen Jüngern auf Jericho zuging und bald durch die Stadt kommen würde. So machte sich auch Zachäus auf.
War es nur Neugier und Sensationslust? Oder war es zugleich tief innen eine Sehnsucht, das Loch in seinem Leben zu füllen, das all sein Reichtum bisher nicht hatte füllen können?
Er will etwas anderes als dieses tägliche Einerlei, wo er sich vielleicht immer wieder fragt: „Ist das alles? Hat das Leben nicht MEHR zu bieten?" In seinem Herzen war eine Sehnsucht nach mehr – auch wenn er noch nicht wußte, was das sein könnte.

**4.** Das Blatt mit Zachäus aufhängen.
Dazu **drei Fragen:**

 „Was denken die Bewohner von Jericho über Zachäus?"

 Stichworte zusammentragen und wie eine „Isoliermauer" auf das Blatt schreiben (siehe Beispielzeichnung).

 „Wie fühlte sich Zachäus wahrscheinlich dabei?"

 Stichworte als 2. „Isoliermauer" eintragen.

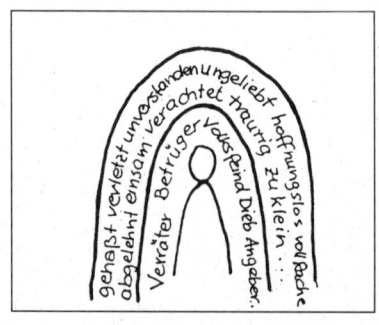

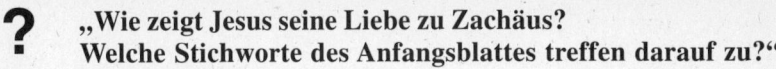 „Wie zeigt Jesus seine Liebe zu Zachäus?
Welche Stichworte des Anfangsblattes treffen darauf zu?"

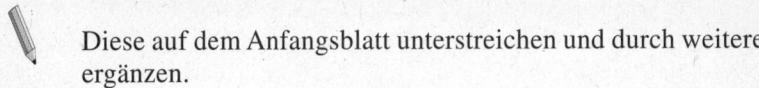 Diese auf dem Anfangsblatt unterstreichen und durch weitere ergänzen.

**5. Zusammenfassung** durch den Leiter:

Wir können Verletzungen und Enttäuschungen nicht abschütteln.
Jesus kann sie durchbrechen, tilgen und heilen. Er ist gekommen, um die Verlorenen und Verletzten zu suchen und zu retten – heute noch genauso wie damals.

Zwischen Vers 7 und 8 ist etwas im Herzen des Zachäus passiert, was hier nicht beschrieben wird, aber was man ahnen kann. Er hat die Liebe und Annahme Jesu so umfassend erfahren, wie sie ihm – und jedem von uns – nie ein Mensch geben konnte und je geben kann.
Und nun passiert etwas Erstaunliches (Vers 8 lesen): Er läßt seinen Reichtum los! Er läßt los, worin er bisher Sicherheit und Lebensinhalt gesehen hatte. Reichtum und Besitz waren sozusagen sein Leben. Er und sein Reichtum gehörten zusammen. Darüber regierte er uneingeschränkt – oder der Reichtum über ihn.
Aber nun begegnet er Jesus und da geschieht ein Regierungswechsel in seinem Herzen. Er gibt auf, was biher sein Lebensinhalt war – und ihm doch nicht Erfüllung und Sinn des Lebens gebracht hat.
Er nimmt Jesus als seinen Herrn an und unterstellt ihm alles, sein ganzes Leben. – Was geschieht dadurch?
Er wird ein *Kind Gottes*.
Wir sind alle *Geschöpfe* Gottes. Aber ein *Kind* Gottes wird man nur dadurch, daß man Jesus als Herrn aufnimmt. (Siehe Johannes 1,12)
**Vers 9 und 10 vorlesen.**
Jesus bezeichnet Zachäus als „verlorenen Sohn Abrahams" (Übersetzung „Hoffnung für alle"), obwohl er ein geborener Jude war, ein Nachkomme Abrahams. Er war trotzdem verloren und brauchte die Rettung durch Jesus.
Was heißt das für uns heute? Auch die Taufe von Säuglingen macht keinen Menschen zum Christen, nur zum Mitglied einer Kirche. So ist auch jeder Getaufte verloren, wenn er nicht Jesus bewußt als seinen Retter aufnimmt.

Das Ziel der Liebe Gottes für jeden ist:
Ein neues Leben durch Jesus Christus.

**6. Vorlesen:** „Ich suchte nach dem Sinn meines Lebens."
Wenn der Leiter wieder allein ist: Dank und Fürbitte

**„Ich suchte nach dem Sinn meines Lebens"**

Dorothee Gleiss (etwa 5 Minuten)

In meinem Leben hatte ich eigentlich alles und sogar mehr als man braucht: einen guten Ehemann, muntere und gesunde Kinder, gute Freunde, Anerkennung, ein finanziell gesichertes Leben ... Und trotzdem: immer wieder empfand ich tief innen Leere und Dunkelheit. Um das auszugleichen, verstärkte ich meine äußeren Aktivitäten. Wir – mein Mann und ich – setzten uns für Heimkinder ein, für „Gastarbeiter", für die Dritte Welt; ich baute meine kulturellen Interessen aus – und vieles mehr. Aber – wenn es still wurde, war da immer noch ganz tief verborgen die Dunkelheit und Leere und die unbeantwortete Frage nach dem eigentlichen Sinn des Lebens. Auch meine Christlichkeit änderte daran nichts, keine Gottesdienstbesuche oder die Teilnahme an einem theologischen Arbeitskreis, wo man so großartig diskutieren und alles in Frage stellen konnte. Je älter ich wurde, desto unbefriedigter wurde ich und desto ferner und unwirklicher erschien mir Gott. Mein Mann – ein evangelischer Pfarrer mit sehr „moderner" Theologie – hatte mich immer weiter von meinem Kinderglauben weggezogen, in dem ich aufgewachsen war und Geborgenheit gehabt hatte.

Die Wende begann, als ich – damals 46 Jahre alt – eines Tages zu einer Kur fuhr. Dort begegnete ich einem katholischen Priester, der am Sonntag im Kurhaus zur Messe einlud. Ich ging hin. Das war ein Gottesdienst, wie ich noch keinen erlebt hatte! Die Gebete dieses Priesters – so etwas hatte ich noch nicht gehört! Er „betete" nicht, er sprach mit Jesus, als ob er neben ihm stände und er ihn persönlich kennen würde. Ganz aufgewühlt ging ich nach der Messe in mein Zimmer. In der Folgezeit hatte ich viele intensive Gespräche mit diesem Priester. Er lieh mir Bücher mit Berichten von Menschen, die ihr Leben Jesus ausgeliefert hatten und nun ein erfülltes Leben führten. Das wollte ich wohl auch sehr gerne – aber ohne diese sogenannte „Lebensübergabe", denn davor hatte ich Angst. Ich wollte mein Leben weiterhin selbst regieren.

Es war fünf Monate später, als uns der Priester – er war inzwischen der Freund der ganzen Familie geworden – zu einer Tagung einlud. Mein

Mann war bereit, zusammen mit mir daran teilzunehmen. Eine Woche lang gab es Vorträge und Gottesdienste – und nachts viel Schlaflosigkeit und inneren heißen Kampf. Am letzten Tag wußte ich, daß ich meine persönliche Entscheidung nicht mehr aufschieben konnte. Ich mußte sie JETZT treffen. Wollte ich Jesus Christus als absoluten Herrn und Regenten meines Lebens annehmen oder ablehnen? Wollte ich mein Leben weiterhin selbst regieren oder es ganz seiner Herrschaft unterstellen? Einen Mittelweg gab es nicht. Auf einmal war es mir klar. Ich wollte mich ihm ganz ausliefern. Zusammen mit meinem Mann übergab ich vor drei Zeugen mein Leben Jesus Christus. Sie beteten anschließend für uns. Große Freude und tiefer innerer Friede erfüllten mich. Schon bald merkte ich, daß mein Leben ganz neu und anders geworden war.

Mir fiel auf, daß Dunkelheit, Leere und Sinnlosigkeit verschwunden waren. Jetzt war Jesus die Mitte und der Sinn meines Lebens geworden. Vieles änderte sich ohne mein Zutun. Ich dachte nicht mehr ständig über mich selbst nach. Ich ärgerte mich weniger als früher, war fröhlicher und gelassener. Auch in großen Schwierigkeiten war ich von einer Sorglosigkeit erfüllt, die mich selbst am meisten überraschte. Ich konnte bei Jesus alle meine Sorgen abgeben, all die Dinge, die ich nicht ändern konnte. Lasten fielen von mir ab. Mein Vertrauen zu Jesus wuchs. Gottesdienst und Abendmahl wurden mir kostbar, die Bibel mein liebstes und wichtigstes Buch, das gar nicht mehr langweilig und unverständlich war wie früher. Daß ich täglich mit aller kleinen und großen Schuld zu Jesus kommen und mir vergeben lassen kann, ohne daß ich ihm jemals „auf die Nerven gehe", wurde eine wichtige und befreiende Erfahrung. Daß ich jetzt zu jeder Tages- und Nachtzeit und in jeder Situation mit ihm sprechen kann – das ist so gut, so hilfreich; ich kann es mir gar nicht mehr anders vorstellen. Zwischen ihm und mir ist eine ständig wachsende Lebensgemeinschaft und Liebesbeziehung entstanden.

Ich weiß: Wenn ich sterbe, werde ich nach Hause gehen, ich werde ihn sehen und für immer bei ihm sein. Das ewige Leben hat für mich schon jetzt begonnen.

# 3. Der Mensch lebt in der Trennung von Gott

**Vorbereitung:**
- Dank, den Heiligen Geist um Weisheit und Führung bitten, Fürbitte
- Zwei Blätter und Filzschreiber
- Zwei Zeichnungen

**? 1. „Wenn Sie jemanden fragen ‚Was ist Sünde?', was könnte er antworten?"**
Die Antworten zusammentragen.

**? 2. „Wie war es ursprünglich ohne Sünde?"**
Zeichnung aufhängen.

Erklären:
Die Sonne als Symbol für Gott. Gott hat die Menschen geschaffen zu einer ungetrübten, herzlichen Beziehung zu ihm. Die Menschen hatten bei ihm Wärme, Liebe, Heimat, Geborgenheit, Glück, alles.

 **3. „Warum ist das nicht mehr so?"**
**Lukas 15,11 bis 32** aufschlagen
(Seitenzahl angeben) und vorlesen.

**? „Wie beschreibt Jesus die SÜNDE beim jüngeren Sohn?"**
Kurze Zeit zum Überlegen

 Zwei leere Blätter aufhängen, Stichworte anschreiben.

**? „Wie beschreibt Jesus die SÜNDE beim älteren Sohn?"**

 **Lukas 15,14 bis 30** vorlesen.

 Nach kurzer Zeit zum Überlegen Stichworte anschreiben.

Erklärungen durch den Leiter:
a)   Das Wort SÜNDE wird heute in der Umgangssprache anders gebraucht als in der Bibel. Sünde bedeutet heute eine Abweichung von allgemein gültigen Regeln, einen Verstoß gegen etwas, das eigentlich gelten sollte.
Z. B. bei Verkehrsregeln. Man kann gegen Regeln verstoßen, aber in

der öffentlichen Meinung ist das meist nicht schlimm.
(„Das kann jedem mal passieren.")
Allgemein geächtet ist z. B. Mord oder Mißhandlung von Kindern. Der Maßstab, an dem gemessen wird, ist unklar und individuell verschieden. Er ändert sich im Laufe der Zeit. So wird Ehebruch und Scheidung z. B. heute anders eingestuft als vor etwa 30 Jahren.

b) Unbekannt ist DIE SÜNDE (nur Einzahl!). Wenn das Wort in der Bibel als Einzahl vorkommt, ist damit die Abkehr und Trennung von Gott gemeint. Daraus entstehen dann die vielen Sünden (Mehrzahl oder auch Einzahl).
Den Maßstab setzt Gott und nicht der Mensch.

SÜNDE ist die Abkehr von Gott:
Ich tue, was *ich* will (Matthäus 25,24).

oder:
Ich lebe „mit dem Rücken zu Gott" (Jeremia 7,24).
Ich mißtraue Gott (1. Mose 3,1).
Jeder geht seinen eigenen Weg (Jesaja 53,6).
Sünde ist der Versuch des Menschen, an Gott vorbei glücklich zu werden.

Der Mensch, der in der Selbstbestimmung nach seinen eigenen Maßstäben lebt, lebt in der Ur-Sünde gegen Gott, im Mißtrauen gegen seine Liebe, in offener (jüngerer Sohn) oder verdeckter (älterer Sohn) Auflehnung.

Bibelstellen dazu:
1. Mose 8,21b „... böse von Jugend auf."
1. Johannes 3,4 „Die Sünde ist die Auflehnung gegen Gott."
Römer 3,23 „Alle haben gesündigt ..."
Nehemia 9,29 „... mit dem Rücken zu Gott."

Oft weiß man, wenn man etwas falsch gemacht hat. Das Gewissen rührt sich (es geht hier nicht darum, daß das Gewissen des Menschen auch falsch geprägt oder abgestumpft sein kann).

**?** 5. „**Wie versuchen Menschen mit ihren Verfehlungen fertig zu werden?**"
Antworten zusammentragen.

Der Leiter kann anschließend ergänzen:
In der Regel geht die Sündenvorstellung davon aus, daß der Mensch im Kern gut ist, aber daß ihm gelegentlich nicht alles so gelingt, wie es gut wäre („Panne").
„Ich bin ja auch kein Heiliger." (Selbstentschuldigungen)
„Man sollte das Ganze nicht zu ernst nehmen." (Verkleinern)
„Sünder sind wir ja alle!" (Verallgemeinern)
„Die andern sind ja noch viel schlimmer!" (Ablenken)
„Die andern haben mich angestiftet!" (Abwälzen)
oder der Mensch kapituliert vor der Größe der Schuld: „Das kann ich nie wieder gutmachen." (Resignation)

Die Zeichnung aufhängen

Erklären:
DIE SÜNDE trennt den Menschen von Gott, von dem völligen Angenommensein, von der Wärme, Liebe und Geborgenheit. Jetzt versucht er das von andern Menschen zu bekommen, was ihm fehlt. Alle Menschen werden in die von Gott getrennte Welt hineingeboren.

  6. „Was sehen Sie für Sünden in ihrer Umgebung, weil der Mensch sein Leben selbst bestimmt, weil er nach dem Vorschlag des Teufels lebt: ‚Tu, was dir Spaß macht!'?"

Stichworte anschreiben.

**Zusammenfassung:**
Der Mensch ist Sünder, d.h. er lebt in der Trennung von Gott. Es gehen lauter Sünden von ihm aus. Er ist umgeben von Sünden. Er lebt in einer Welt voller Sünden, weil er von Gott getrennt lebt. Er lebt nach seinen eigenen Maßstäben, in der SÜNDE der Selbstbestimmung,

Vorlesen: Römer 3,23 „Alle Menschen sind Sünder und haben nichts aufzuweisen, was Gott gefallen könnte."
Jesaja 53,6a „Wir irrten umher wie Schafe, die sich verlaufen haben: Jeder ging seinen eigenen Weg."

**7. Vorlesen**:
„Auf der Suche" oder: „Vom Mordanschlag zu Jesus Christus"

Schließen Sie mit dem Hinweis auf den nächsten Teil:
Wie Gott diese Sünden-Barriere durchbricht und wie wir in die Gemeinschaft mit ihm kommen können.

Wenn Leiter wieder allein ist: Dank und Fürbitte

## „Auf der Suche"

N. Krieger-Nissen (etwa 8 Minuten)
Nadja Krieger-Nissen ist verheiratet und hat drei Kinder. In ihrer Kindheit und Jugend mußte sie zwischen Mutter, Großmutter und Kinderheimen hin- und herpendeln. Sie berichtet:
„Nach einer Quelle, die mir Kraft und Stärke für mein Leben gibt, die mir hilft, scheinbar Unlösbares zu lösen, danach habe ich gesucht, seit ich 12 Jahre alt war. Ich habe mir Mühe gegeben, alles, was der „Markt" zu bieten hatte, auszutesten. Mit 14 Jahren ließ ich mich in die Transzendentale Meditation (TM) einführen, beschäftigte mich mit Hinduismus, Buddhismus, Münzorakel, Anthroposophie, Yoga und Astrologie – kurz: ich probierte den ganzen „New Age-Katalog" durch.
Aber irgendwie taugte nichts davon für mein Leben. Entweder war ich zu faul oder zu wenig spirituell – während alle auf Wolken schwebten, tat mir beim Yoga nur der Rücken weh. Alle waren auf dem Weg zur Erleuchtung und Selbsterlösung, und ich fragte mich nur, ob die zwanzig Minuten bald vorbei wären. Also entweder waren diese Esoterik-Angebote untauglich für mich – oder ich für sie.
Außerdem waren da selbstverständlich noch diverse Ausflüge in die Frauenbewegung, die linke Politik, die ganz linke Politik, die Natur-Freak-Szene – alles gutgemeinte, aber letztlich fehlgelaufene Versuche.
Dann wurde eine Freundin, die wesentlich mehr Erfahrungen auf dem Esoterik-Trip hatte als ich, Christin. Wir redeten oft über ihr „neues Leben." Sie erzählte mir, man könnte eine ganz persönliche Beziehung zu Jesus haben, dadurch würde einem die Bibel erst richtig lebendig und die Sache mit Jesus sei sowieso „der Weg".
Je mehr wir darüber redeten, je mehr ich über alles nachdachte, desto klarer wurde mir, daß ich eine Entscheidung treffen mußte. Ich war unsicher, ob diese Jesus-Sache mein Ding war. Alles, was ich vorher ausgetestet hatte, war ja auch für alle andern das Non-plus-ultra gewesen – außer für mich. Zum erstenmal hatte ich so etwas wie Angst, ich hatte regelrecht

Horror, etwas Falsches zu machen, irgendwo zu landen, wo ich gar nicht wirklich sein wollte. Ich wollte ja das Richtige tun – aber war Jesus das Richtige?

Tja, und dann habe ich mich ganz cool – als ob ich wüßte, was ich täte – in mein Wohnzimmer gestellt, die Bibel in der Hand, und gesagt: „Okay Gott, ich bin bereit. Wenn du willst, daß ich den Jesus-Weg gehe, dann gib mir jetzt und hier auf der Stelle ein Wort aus der Bibel, einen Spruch, der so klar und eindeutig ist, daß ich Bescheid weiß." Ich fand das Angebot fair. Wenn er Gott war, hatte er seine Chance, er kannte doch seine Bibel zehntausendmal besser als ich. Damals wußte ich nicht, daß in der Bibel sogar ermahnt wird, Gott zu prüfen, und daß es Gott gefällt, an seinem Wort geprüft zu werden. Dann schlug ich meine Bibel mit den fettgedruckten Stellen auf. Ich landete auf Seite 751 im Alten Testament bei Jeremia. Das einzige, was mir wirklich ins Auge fiel, war der 3. Vers im 31. Kapitel: „Ich habe dich je und je geliebt und dich zu mir gezogen aus lauter Güte." Er war als einziger fettgedruckt.

Mir ging das gleich vom Gehirn ins Herz, und die Entscheidung war getroffen. Mir war klar, das war Gott – er war auf meinen Ruf nach eindeutiger Hilfe eingegangen – jetzt war ich dran, meinen Teil zu bringen.

Am nächsten Abend habe ich dann vor meiner Freundin und zwei weiteren Christen mein Leben Jesus übergeben. Ich habe meine Schuld, also das, was mich von Gott trennte, bekannt und ihn um Vergebung gebeten. Meine Freundin sprach mit mir ein Gebet und ich konnte wirklich nur stammeln: „Jesus, ich übergebe dir mein Leben. Nimm es von heute an in deine Hände und leite und führe mich." Einer der Anwesenden zitierte genau Jeremia 31,3. In dem Moment wurde mir wirklich klar: Gott will von mir die Entscheidung für Jesus und bestätigt sie auf diese Art. Danach war meine Traurigkeit weg. Ich spürte richtig die Befreiung und die Vergebung.

In den letzten fünf Jahren, in denen ich versucht habe, mich immer mehr von Jesus führen zu lassen, habe ich mehr Gutes und Schönes erlebt, als in meinem ganzen Leben vorher. Und ich bin wirklich jemand gewesen, der nichts hat anbrennen lassen, ich habe viel mitgenommen und nur wenig ausgelassen.

In meinem Leben passieren nicht jeden Tag irgendwelche „Wunder". Aber was soll ich auch damit – ich brauche jemand, der mit mir meinen Alltag regelt. Und Jesus kümmert sich tatsächlich um mich und meine Familie – er hat den Überblick, den ich gar nicht haben kann.

Jesus hat auch seelische Wunden bei mir geheilt, Verletzungen durch meine Eltern, die ich immer mit mir herumgeschleppt habe und die teilweise im absolut falschen Moment herauskamen. Verletzungen, die ich durch meine Mutter bekommen hatte, schien ich unweigerlich an meine eigene Tochter weiterzugeben. Nachdem ich Jesus um die Heilung dieser seelischen Verwundungen gebeten habe, kann ich über vieles mit meinen Eltern reden oder gerade auch mal nicht reden – ohne daß es sticht.

Ich kann mich jetzt selbst annehmen und lieben – und dadurch auch andere wirklich lieben. Wenn ich erlebe, wie Jesus mir alles vergibt und wie sanft er ist – dann kann ich meistens nicht anders, als meinen Mitmenschen genauso zu begegnen.

Das einzige, was ich wirklich bedaure ist, daß ich all das nicht schon viel früher wußte – ich hätte mir viele Umwege ersparen können."

## „Vom Mordanschlag zu Jesus Christus"

Bernd Hahnhausen (etwa 9 Minuten)

Ich bin in einer gutbürgerlichen Familie groß geworden. Mein Vater war Geschäftsmann. Wir wohnten in der „besseren Gegend" der Stadt. Zeitweise sogar in der besten Gegend. Er baute in vielen Jahren ein kleines Geschäft auf. Tagsüber war er unterwegs, fuhr einen LKW und verkaufte Kohle und Öl. Nachts machte er bis zwölf oder eins die Büroarbeit. Darüber ging seine Ehe kaputt. Meine Mutter fing an zu trinken. Für uns Kinder sah das so aus: Wenn ich von der Schule nach Hause kam, lag meine Mutter irgendwo besoffen in der Ecke oder im Bett. Oder sie schlug uns. Oder sie war nicht zu Hause. Das Essen war kalt und meistens angebrannt. Hausaufgaben machte ich nicht. Ich fiel in der Schule ab. Oft traute ich mich dann nicht nach Hause. Das war ein Teufelskreis, aus dem ich nicht raus kam. Zu Hause gab es immer Streit. Wenn mein Vater nach Hause kam, suchte er nach leeren Flaschen. Wenn er welche fand, zerschlug er sie oft auf dem Kopf meiner Mutter. Wenn ich dann dazu kam, kriegte ich ein Handtuch in die Hand gedrückt, und es hieß: „Wisch das Blut auf!" Dann mußte ich als kleiner Bursche auf dem Boden rumrutschen und das Blut aufwischen. Und ich hab geheult.

Mit 15 bin ich von zu Hause abgehauen. Ich kam gleich in die falschen Kreise. Dann ging es so richtig bergab. So wie der jüngere Sohn im Gleichnis Jesu sein Leben verhurte. Ich hatte kein Geld, aber ich war genauso auf dem falschen Weg. Ich wurde drogenabhängig. Wir lebten davon, daß wir Mädchen auf den Strich schickten und von Einbrüchen und Diebstählen. Irgendwann hab ich mal einer alten Oma über den Kopf gehauen, um ihre Handtasche zu klauen. Und ich habe gar nicht mitgekriegt, wie schrecklich das war. Ich lebte so in der Sünde, daß mir das gar nicht bewußt wurde.

Dann ging ich irgendwann ins Ausland, weil ich nicht zur Bundeswehr wollte. Im ganzen hab ich acht Jahre auf der Straße gelebt. Meistens pennte ich im Freien, irgendwo unter Büschen oder unter Autobahnbrücken. Ich bin rumgezogen. Gearbeitet hab ich fast nie – meistens gestohlen oder eingebrochen.

Irgendwann kam ich nach Israel – das ist jetzt bald 14 Jahre her. Da wollte ich überwintern, weil es in der Türkei zu kalt geworden war. Ich ging in einen Kibbuz. Ich hörte: Da kann man gut essen, arbeiten kann man auch ein bißchen. Es gab Doppelzimmer. Ich war vollkommen ungläubig, ich war Atheist. Da steckte mir Gott auf einmal jemanden in mein Zimmer, der an Jesus glaubte. Aber der Zimmerkollege glaubte so an Jesus, wie ich das noch nie gehört hatte. Der redete immer von Jesus, als ob es ihn wirklich gäbe. Als ob er leben würde.

Das ging dann oft so: Wenn ich von der Arbeit kam und so viel Haschisch geraucht hatte, daß ich nicht mehr geradeaus gucken konnte, dann sagte der zu mir: „Mensch, Berni, Jesus liebt dich." Ich erwiderte: „Ach du mit deinem Jesus …!" Und dann warf ich ihm ein paar Schimpfworte an den Kopf. „Guck dir doch mal die Kirche an. Die haben immer die Waffen gesegnet vor dem Krieg. Und guck dir mal den Papst an, wieviel Geld der scheffelt! Und in der Kirche, da ziehen sie den alten Omas noch die Kollekte aus der Tasche von dem bißchen Rente." Und dann habe ich über die Kirche hergezogen und über die Christen und über die Scheinheiligen. „Außerdem ist Religion sowieso nur Opium für's Volk. Das brauchen die Leute, wenn es ans Sterben geht, damit sie was zum Festhalten haben."

Ja, so kam der nicht an mich ran. Aber ich hab ein halbes Jahr mein Zimmer mit dem geteilt, und er hat mir immer wieder was von Jesus erzählt, immer wieder so kleine Sachen. Und ich erinnere mich, der hatte ein Poster über seinem Bett hängen, da war so'n Typ drauf, der eine Gitarre umhängen hatte und durch so ein weites Kornfeld ging. Das war ein Bild, das irgendwie Freiheit vermittelt hat oder mindestens die Sehnsucht nach Freiheit. Das Bild hat mir immer sehr gut gefallen, und ich habe es mir immer wieder angeguckt.

Irgendwann kam der andere mal ins Zimmer, und da guckte ich das Bild an. Da sagte er: „Ja, Berni, so frei kannst du nur werden, wenn du Jesus in dein Leben reinläßt." Da hatte ich gleich wieder die Schnauze voll von diesen Sprüchen. Ich konnte das nicht mehr hören, und da bin ich weggegangen. Ich mußte da auch weggehen. Denn inzwischen hatte ich so viele Drogen genommen in dem Kibbuz, daß die mich da auch nicht mehr ertragen konnten. Ich hatte immer Mist gebaut und war manchmal so „high", daß ich nicht mehr aus den Bananenfeldern heimgefunden habe. Vielleicht hört sich das komisch an, aber eigentlich ging ich so langsam zugrunde. Ich hatte auch öfters mal Hepatitis, und viel gesoffen hab' ich auch. Ja, ich ging wirklich so langsam vor die Hunde.

Dann bin ich da weggegangen und war noch zwei Jahre in Israel. Ich muß noch dazu sagen, ich war auch öfter im Gefängnis. Ich war in Deutschland ein paar mal im Gefängnis, ich war im Ausland im Gefängnis. In Israel war ich auch zweimal im Gefängnis wegen verschiedener Sachen. Es ist ja so, wenn einer spritzt oder harte Drogen nimmt, dann braucht er mit der Zeit unheimlich viel Geld. Und das kann er sich eben nur beschaffen, wenn er sich das illegal holt. Durch Arbeit ist da gar nicht dran zu denken. Und in dem Zustand kann man auch gar nicht arbeiten.

Nach zwei Jahren war ich in Israel also wieder einmal gerade aus dem Gefängnis. Ich war mit einem Kumpel zusammen, und wir brauchten unbedingt Geld. Da sagte ich: „Hör zu, wir müssen unbedingt ein Ding drehen, damit wir wieder an Stoff kommen." Er sagte: „Okay, das machen wir. Da müssen wir uns was ausgucken." Und dann suchten wir nach einer Sache. Wir fanden ein Vertreterbüro. Die Leute sollten am Freitag ihre Gehälter kriegen. Da haben wir gesagt, das Büro lassen wir hochgehen. Das Geld holen wir uns. Da waren aber die Angestellten. Und ich wollte in Israel nicht noch mal ins Gefängnis. Und da habe ich gesagt, es darf keine Zeugen geben. Wenn wir das Ding drehen, dann legen wir die alle um. Und dann hat er gesagt: „Ja, aber das mache ich nicht." „Gut, dann besorg' du eben die Knarre, ich leg sie dann schon um." Es war mir alles egal.

Ja, soweit geht es mit der Sünde. Wenn man sagt, es gibt keinen Gott, dann gibt es auch keine Sünde. Dann gibt es auch nichts Verkehrtes. Wenn ich die Leute da umlege, dann brauchen die morgen nicht mehr zur Arbeit. Und das Leben ist ja sowieso sinnlos. Im Grunde erlöse ich die nur aus diesem sinnlosen Kreislauf von Arbeit, Essen, Schlafen und Arbeiten, Essen Schlafen ... Ich machte mir da überhaupt kein Gewissen. Ich dachte, das wäre alles okay.

Dann war es soweit. Er hatte die Knarre besorgt, und wir waren auf dem Weg zu dem Büro. Und dann, auf dem Weg dorthin, traf ich vor dem Busbahnhof in Elat den Typen von vor zwei Jahren, diesen Christen. Rocky hieß der. Wir trafen uns auf der Straße.

Er sagte zu mir: „Mensch, Berni, daß du überhaupt noch lebst, das ist ein Wunder." „O Hilfe," sagte ich, „schon wieder du mit deinen Wundern." „Doch, Berni, Jesus liebt dich." Und ich sagte zu meinem Kumpel: „Geh du schon mal vor, ich kenn' den hier von früher, ich muß mal ein paar Takte mit ihm reden."

Wir setzten uns auf so ein Mäuerchen. Und dann redeten wir über Jesus. Ich dachte: „Mensch, wenn der wüßte, wo du hinwillst." Er erzählte mir, daß es diesen Weg gibt, zurück zu Gott, daß ich mich umdrehen und ein neues Leben anfangen kann. Ich argumentierte und schimpfte wieder über den Papst und über die Christen und über die Scheinheiligen und über all das. Doch dann tat er auf einmal was ganz Komisches. Er langte so zu mir rüber und fing laut an, für mich zu beten. Um uns war ein Haufen von Leuten, da war Betrieb auf der Straße. Und ich dachte: „Meine Güte, jetzt fängt er an zu spinnen. So laut – muß das denn sein. Kriegt doch jeder mit!" Und dann schrie der laut zu Gott. Er schrie: „Jesus, nimm ihn doch!" Und ich dachte: „Na ja, jetzt probiert er es mit Hypnose. Sei bloß wachsam!"

In dem Moment mußte ich fürchterlich anfangen zu heulen. Ich weiß gar nicht, wie das passierte. Ich sah geistig vor mir eine Weggabelung. Und ich wußte genau, entweder du fährst jetzt hier noch nach Haifa und drehst das Ding, und dann gibt es kein Zurück. Oder du schlägst einen neuen Weg ein. Du fängst ein Leben mit Jesus an.

Und auf einmal wurde mir so klar und so bewußt, wie verloren ich war und was ich für ein armes Schwein war. Da mußte ich anfangen zu heulen. Ich hatte bestimmt keine Tränen mehr vergossen, seit ich 13 war, weil ich immer gerne ein harter Typ sein wollte. Und dann tut man sich Gewalt an. Aber da mußte ich so heulen. Ich glaube, ich heulte um mein ganzes Leben. Ich konnte nicht aufhören. Da hat Gott in meinem Herzen irgendwas aufgebrochen. Dann hab' ich gesagt, nur damit das aufhörte: „Jesus, okay, wenn's das wirklich gibt, wenn's dich wirklich gibt, dann komm in mein Leben. Mach mich frei." Und ich wußte da noch gar nicht, wer Jesus ist. Dann bin ich mit dem Rocky mitgegangen. Wir sind in so eine Absteige gegangen, wo ich noch ein paar Klamotten liegen hatte. Und da haben wir uns dann hingekniet. Und dann hab ich eine Lebensübergabe gemacht. Das heißt, ich habe mich hingekniet und habe das erste Mal bewußt gebetet. Ich habe gesagt: „Jesus, hier hast du mein verkorkstes Leben. Das ist alles beschissen, das ist alles nichts mehr wert. Das ist alles Mist. Aber hier hast du es. Und nun mach was damit."

Gott hat mich frei gemacht von Drogen und mir meine Gesundheit wiedergegeben. Ich war praktisch ein Krüppel, kann man sagen. Ich habe ja noch alte Photos von damals. Ich war nur Haut und Knochen und war gekennzeichnet von den Drogen. Ich kann wirklich sagen, dadurch, daß ich mein Leben Gott anvertraut habe, hat er alles neu gemacht. Und wenn in der Bibel steht: „Siehe, ich mache alles neu, das Alte ist vergangen" (2. Korinther 5,17), dann kann ich nur sagen, daß das wirklich zutrifft. Die Verheißungen, die in der Bibel stehen, diese Versprechungen, die stimmen. Der verlorene Sohn, der zurückgekommen ist zu seinem Vater, der hat das bestimmt niemals bereut.

Korrektur

Auf Seite 55 fehlen diese drei Zeichnungen:

## 4. Die Blockaden beseitigen: Beichte

Die drei Zeichnungen aufhängen
und von den Teilnehmern selbst erklären lassen.

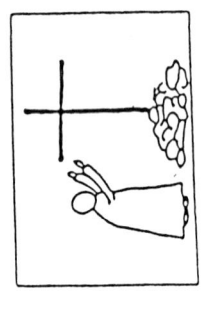

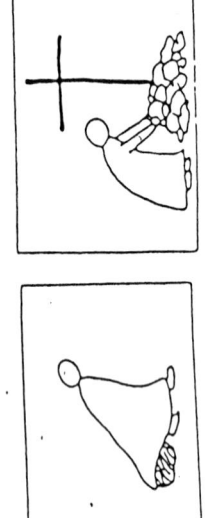

z.B. (1) Der Mensch schleppt seinen schweren Schuldensack hinter sich her. Er versucht, ihn vor andern versteckt zu halten. Er spricht nicht darüber. Er zeigt eine »weiße Weste«.

# 4. Jesus Christus ist an unserer Stelle hingerichtet

**Vorbereitung:**
- Dank, den Heiligen Geist um Weisheit und Führung bitten, Fürbitte
- Drei Zeichnungen, die zweite mit genügend Platz für Eintragungen
- Filzstift

**1.** Zeichnung aufhängen
Alle Menschen sind von Gott und seiner Herrlichkeit getrennt.

**?** „Wie versuchen die Menschen die Trennung zu überbrücken?"

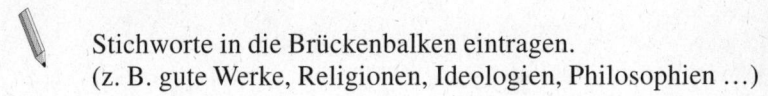

Stichworte in die Brückenbalken eintragen.
(z. B. gute Werke, Religionen, Ideologien, Philosophien …)

**2. Vorlesen**: „Ein Gespräch im Himmel"

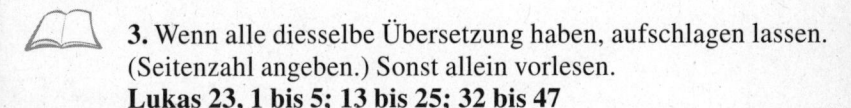

**3.** Wenn alle dieselbe Übersetzung haben, aufschlagen lassen. (Seitenzahl angeben.) Sonst allein vorlesen.
**Lukas 23, 1 bis 5; 13 bis 25; 32 bis 47**

**?** **4.** Drei Menschen des Kreuzigungstages nochmal genauer beschreiben lassen: **Was wird von ihnen gesagt?**
1. Barabbas: (Vers 19 und 25)
2. erster Verbrecher: (Vers 39 bis 41)
3. zweiter Verbrecher: (40 bis 43)

**?** 5. Zeichnung aufhängen.
**Was für Folgen hat die Kreuzigung für:**

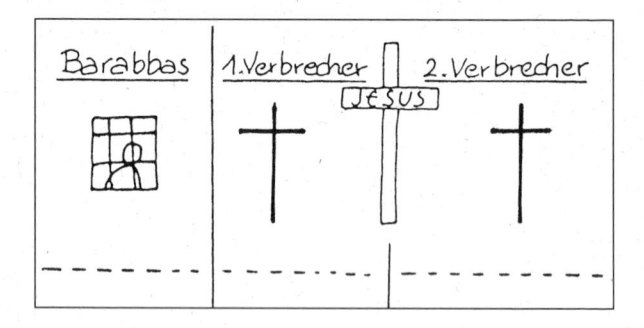

Stichworte nennen lassen und eintragen. z. B.
1. Für **Barabbas**: frei, Todesurteil aufgehoben, Leben neu geschenkt, Gnadenfrist, Umkehrmöglichkeit …
2. Hat es für den **ersten Verbrecher** irgendeine Bedeutung für den Rest seines Lebens und für sein Sterben, daß Jesus neben ihm gekreuzigt wird: Nein, keine, Anlaß zu neuem Haß …
3. Was für Folgen hat es für den **zweiten Verbrecher**, daß Jesus neben ihm gekreuzigt wird?: Erkenntnis seiner Schuld, Vertrauen auf Jesus, Möglichkeit, Jesus um ewiges Leben zu bitten, ewiges Leben …

**6. Vorlesen:** „Ein Barabbas aus unserer Zeit"

**7.** Zeichnung aufhängen, als **Zusammenfassung** beschreiben.

**8.** Aus **Römer 5 vorlesen** (Verse 1 und 2; 6 bis 8; 11)

> Mit Gott versöhnt
> (1.) Nachdem wir durch den Glauben von unserer Schuld freigesprochen sind, steht nun nichts mehr zwischen uns und Gott. Wir haben Frieden mit ihm. Wem verdanken wir das? Allein Jesus Christus. (2) Er hat uns die Tür zu diesem neuen Leben mit Gott geöffnet. Voller Freude danken wir Gott dafür, daß wir einmal an seiner Herrlichkeit teilhaben werden … (6) Schon damals, als wir noch hilflos der Sünde ausgeliefert waren, ist Christus für uns gottlose Menschen gestorben. (7) Selbst für einen guten Menschen würde kaum jemand von uns sterben, obwohl es das vielleicht geben mag. (8) Gott aber hat uns seine große Liebe gerade dadurch bewiesen, daß Christus für uns starb, als wir noch Sünder waren … (11) Lob und Dank sei ihm dafür! Schon jetzt sind wir durch unsern Herrn Jesus Christus mit Gott versöhnt.

(Aus: „Hoffnung für alle", Neues Testament, Brunnen Verlag)

**9.** Kurzes **Dankgebet** des Leiters
Wenn der Leiter wieder allein ist: Dank und Fürbitte


**„Ein Gespräch im Himmel"**
  Gunnar Ahrend (etwa 4 Minuten; zu zweit oder auch allein vorzulesen)
Ein Gespräch des **Königs** mit seinem **Sohn:**
Sie schauen über die tiefe Kluft auf die Menschen.
**Sohn:** Vater! Sieh, wie sie leiden! Sie sind so einsam und verloren. Aber du liebst sie immer noch.
**König:** Sie sehnen sich nach Liebe und erfahren so viel Ablehnung, aber sie können mit mir keine Gemeinschaft haben. Die Finsternis kann keine Gemeinschaft haben mit dem Licht. Sie haben sich entschieden, den Regeln der Finsternis zu folgen.
**Sohn:** Vater, sie können nie aus eigener Kraft zu dir zurückkommen, alle Bemühungen helfen ihnen nicht. Die Entfernung ist zu groß.
**König:** Du hast recht, mein Sohn. Sie versuchen es vergeblich und verstricken sich dabei immer mehr. Sie erheben sich übereinander und gegeneinander. Sie spielen sich als Richter auf, sie verurteilen sich gegenseitig. Einer kämpft gegen den andern. Sie sind so unendlich weit von uns entfernt.

**Sohn:** Gibt es denn keine Rettung für sie?
**König:** Du liebst sie, mein Sohn – und auch ich liebe sie. Und weil wir sie so sehr lieben, gibt es einen Weg der Rettung für sie.
**Sohn:** Und welchen, Vater?
**König:** Ich bin bereit, dafür dich wegzugeben, dich, meinen einzigen, geliebten Sohn, auch wenn mir dein Leiden das Herz bricht. Du mußt bereit sein, als einfacher Mensch auf die Erde zu gehen, als Flüchtling und Asylant, arm und verachtet, verfolgt, als Sektenführer verleumdet, beschimpft, vom Teufel besessen zu sein. Du wirst das Gute tun, und man wird dir das Böse unterstellen. Deine nächsten Freunde werden dich verleugnen und verraten. Menschen werden dir an einem Tag zujubeln und am nächsten Tag deinen Tod fordern. Du wirst gefangen genommen, bespuckt, verspottet und gefoltert und dann grausam und qualvoll wie ein Mörder umgebracht werden.
Du wirst alle Sünden der ganzen Menschheit auf dich nehmen und mein Zorngericht über alle diese Sünden wird sich über dir entladen. In dieser deiner schwersten Stunde, in der du zusammenbrichst unter der Last der Sünde, wirst du völlig verlassen sein.
Das alles wirst du erleiden als Mensch – mit allen Gefühlen, Enttäuschungen und Schmerzen, die ein Mensch erfährt. Nichts wird dir erspart bleiben.
Wenn du dich aus Liebe wie ein Lamm schlachten läßt, werde ich dich zu mir zurückholen und dir die Siegeskrone aufsetzen. Und jeder, der dich und deine Vergebung annimmt, wird mit mir versöhnt werden und Frieden finden bis in Ewigkeit. Dann wird die Gemeinschaft wiederhergestellt sein.
Bist du bereit, deine himmlische Herrlichkeit abzulegen und ein Mensch zu werden und diesen dornenreichen Weg zu gehen?
**Sohn:** JA, Vater.

## „Ein Barabbas aus unserer Zeit"

Gero Herrendorff (etwa 6 Minuten)

„Ich hatte eine Kindheit mit schweren Schockerlebnissen: Mit zwei Jahren Flucht, Tieffliegerangriffe, Vergewaltigung der Mutter. Die Folge war eine starke Behinderung durch Stottern und dann die Flucht in Alkohol und Medikamente.
Viele Fragen nach dem Sinn des Lebens, dem Woher, Wozu und Wohin begannen meine Sinne in Beschlag zu nehmen. Verzweifelt suchte ich nach Antworten. Doch ich fand keinen gangbaren Weg, weder bei den großen Philosophen noch bei den Religionsstiftern, auch nicht in moralischen

Programmen und schon gar nicht im Erkenntnisstreben der Wissenschaft. Ich wandte mich mystischen Einflüssen zu und begann, halluzinogene Drogen zu konsumieren. Diese Trips und rauschähnlichen Zustände verhalfen mir zu ganz neuen grenzüberschreitenden Erfahrungen. Aber die Frage nach dem Sinn meines Lebens blieb weiter ungelöst. Meine Rauschzustände nahmen an Stärke, Häufigkeit und Heftigkeit derart zu, daß ich kaum mehr aus dem Rauschzustand herauskam.

Die Menschen wurden zum Feindbild und meine Wut und mein Haß wuchsen gefährlich ins Unerträgliche. In wüsten Schlägereien versuchte ich mir etwas Luft zu verschaffen. Verschiedene Zwangsentzugseinweisungen blieben ohne Erfolg. Als hoffnungsloser Fall wurde ich aus einer psychiatrischen Klinik entlassen. Ich selbst hatte mich aufgegeben. Ich befand mich in einem Zustand der totalen Sinn- und Hoffnungslosigkeit. Meine Ehe wurde wegen Zerrüttung geschieden.

Tief in meinem Elend versunken offenbarte sich mir Jesus Christus eines Abends auf außergewöhnliche Weise. Ich durfte den Inhalt des Evangeliums in einer ausführlichen, bestechlich klaren Vision in einer unglaublichen Tiefgründigkeit erleben. Tief erschüttert und erschrocken erkannte ich meine ganze Verlorenheit. In einem Augenblick wurde mir das ganze Ausmaß meiner Schuld vor Gott bewußt, weil ich mich im Licht des Herrn sehen konnte.

Ich erkannte die absolute Notwendigkeit, erlöst werden zu müssen! Ich mußte erlöst werden. Doch sah ich mit Erschrecken, daß ich mich weder selbst erlösen kann, noch eine Theorie oder Religion, weder eine Philosophie, noch die Lehre irgendeines Menschen. Nichts, was mir bekannt war, konnte mich retten! Alles in mir schrie nach einer Antwort.

Dann erlebte ich eine regelrechte Gerichtsverhandlung, bei der ich zum Tode verurteilt wurde. Aus dem Gitterfenster der Gefängniszelle sah ich, auf meine Hinrichtung wartend, wie in einiger Entfernung auf einem Hügel ein Holzkreuz errichtet wurde. Ich spürte, daß man mich jeden Augenblick abholen würde. Doch dann sah ich, wie ein anderer an dieses Kreuz geschlagen wurde. Der Schrecken blieb mir in den Gliedern stecken. Wie gebannt starrte ich auf dieses Geschehen. Danach kam jemand zu mir und erklärte: „Du bist frei, du kannst gehen!" Völlig verwirrt fragte ich stockend, warum ich denn jetzt plötzlich frei sei. Die Antwort durchzuckte meinen ganzen Leib: „Ein anderer ging für dich an das Kreuz. Er nahm deine Strafe auf sich. Du kannst gehen!"

Darauf verschwand die Erscheinung und das Kreuz begann sich in gleißendes Licht zu verwandeln. Mein ganzes Zimmer wurde davon erfüllt. Solch ein Licht sah ich bis dahin noch nie. Dann auf einmal durfte ich den Herrn der Herrlichkeit wahrnehmen. Ich erkannte, daß es Jesus Christus war, den ich am Kreuz für meine Schuld verbluten sah. Er gab sich mir als mein Schöpfer und Erlöser zu erkennen und mir war, als sagte er: „Ich habe für dich bezahlt. Willst du es glauben?"

Jesus ließ mir die Wahl, sein Opfer anzunehmen oder abzulehnen. Tief ergriffen übergab ich dem auferstandenen Herrn mein Leben und bat ihn, in mein Herz zu kommen. Es war ein unbeschreiblicher, wunderbarer Augenblick, als ich dann in dieses Licht hineingezogen und mein ganzer Leib selbst Licht wurde. Eine tiefe Gewißheit, vollständig erlöst worden zu sein und ewiges, unzerstörbares Leben aus Gott erhalten zu haben, durchflutete mein ganzes Sein. Ich wurde mit einem unbeschreiblichen Glück und Frieden erfüllt, und ich wußte, ich war frei, echt frei! Endlich hatte ich meine Antwort. Meine Suche war zu Ende. Ich konnte alle Dinge in einem neuen Licht sehen und vieles wurde glasklar. Ich war geplant, gewünscht und tief geliebt von Gott. Diese Erkenntnis bewirkte ein unglaubliches Maß an innerer und äußerer Heilung. Eine wunderbare Ruhe kam in mein Leben. Aller Haß auf die Menschen, alle Aggression und alle Wut war wie weggeblasen. Anfang, Mitte und Ziel waren mir auf einmal klar. Dadurch, daß Gott mich annahm, so wie ich war, konnte ich das erste Mal in meinem Leben Ja zu mir sagen und mich selbst mit meiner kaputten Vergangenheit annehmen. Die Minderwertigkeitsbarriere wegen meines Stotterns war wie weggerissen. Ich konnte endlich ich selbst sein und beginnen, neu zu leben."

(Aus: Nachrichten der Vineyard-Gemeinde Bern)

# 5. Jesus Christus persönlich annehmen

**Vorbereitung:**
- Dank, den Heiligen Geist um Weisheit und Führung bitten, Fürbitte
- Ein schön eingepacktes kleines Päckchen mit etwas Leckerem
- Eine Zeichnung

**1.** Letztes Mal haben wir davon gesprochen, daß Jesus für uns gekreuzigt wurde. Heute lesen wir, wie es weiterging. Vorher überlegen wir uns:

**?** „Was ist der Unterschied zwischen:

Ein Kind – **M**ein Kind oder
eine Mutter – **M**eine Mutter?"

Ermuntern Sie, sich zu „ein" und „mein" zu äußern.

**2. Johannes 20,1 bis 10 und 19 bis 29**
lesen (Seitenzahl angeben)

**?** „Was hinderte Thomas, den 10 Männern
(seinen jahrelangen Freunden!) **zu glauben?"**
(z. B. Verstand, Glaube an physikalische „Naturgesetze", Erfahrungen, Eigenwille, vielleicht auch Gefühle: Trauer, Resignation oder Neid auf das Erlebnis der andern …)

**?** „Wodurch wird sein Unglaube verwandelt?"
z. B.: Jesus begegnet ihm persönlich; Jesus wendet sich ihm zu; Jesus weiß von seiner Bedingung und gewährt ihm die Berührung (Thomas hat es offenbar nicht in Anspruch genommen); Thomas erkennt, daß er seine Begrenztheit zum Maßstab für Gottes Handeln gemacht hatte; Jesus gebietet ihm, sich von seinem Unglauben abzuwenden; Thomas erkennt Jesus als souveränen Herrn und Gott an …)
Jesus hat sein Herz berührt.
Liebe kann man nur mit dem Herzen glauben, der Verstand ist dafür ungeeignet. „Wer mit dem Herzen glaubt und mit dem Mund bekennt, der wird gerettet." (Römer 10,10)
Danach ist erst der Verstand dran zu verstehen, was das Herz glaubt.
(Zeichnung aufhängen:)

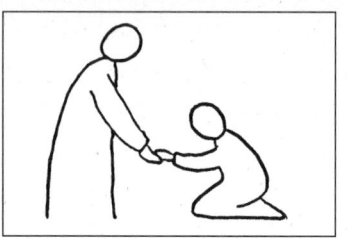

**?** „Was ist der Unterschied zwischen:

ein Herr – **M**ein Herr
ein Gott – **M**ein Gott?"

(z. B. es drückt eine Beziehung aus; eine Stellung; ich bin nicht mehr mein eigener Herr …)
Das „**M**" verändert diese Sätze zu einem Bekenntnis.
Bei der Trauung z. B. ist es wichtig, daß dies Bekenntnis vor Zeugen ausgesprochen wird.


**?** 3. „Was bedeutet dies Bekenntnis für Thomas?"
(z. B. Du hast von jetzt an das Sagen; mein Leben gehört jetzt dir; ich beuge mich, weil ich schuldig bin; ich bitte um Gnade …)

**4. Jetzt nimmt der Leiter ein Päckchen**
und sagt zu einem aus dem Kreis:
„… (den Namen nennen), das schenke ich Dir!"
(Keinen auswählen, der gerade Geburtstag oder ein anderes Fest hatte.)
Er läßt ihn aufstehen, kommen und es annehmen.
Bewußt machen, was gerade geschehen ist:
Er wurde beim Namen gerufen. Er hat es gehört.
Er ist aufgestanden (vielleicht hat er gezögert).
Er hat es angenommen.
Er hat „Danke" gesagt, und nun gehört es ihm.
Er hat es ausgepackt.
Erst war es *ein* Päckchen.
Jetzt kann … (Namen) sagen: „Es ist *mein* Päckchen!"

Für Kinder ist das ganz einfach. Sie nehmen ein Geschenk sofort an und freuen sich.
Jesus sagt: „Wer das Reich Gottes nicht empfängt wie ein Kind, der wird nicht hineinkommen." (Markus 10,15) Erwachsene sind oft so kompli-

ziert. Sie wollen es erst genau verstehen oder sie wollen sich nichts schenken lassen oder sie wollen es sich verdienen.
Gott will uns seine Liebe schenken – unverdient. Sein größtes Geschenk ist Jesus Christus. „Sollte er uns mit ihm nicht alles schenken?" (Römer 8,32a)

**?** **5. „Was will uns hindern, Gottes Liebe und Jesus als unseren persönlichen Herrn anzunehmen?"**
Antworten lassen

**?** **„Wie ging diese Auslieferung in den beiden Berichten vor sich, die beim letzten Mal vorgelesen wurden?"**
Zur Erinnerung nochmal vorlesen:
In dem Gespräch im Himmel sagt der König zu seinem Sohn:
„Jeder, der dich und deine Vergebung annimmt, wird mit mir versöhnt werden und Frieden finden bis in Ewigkeit. Dann wird die Gemeinschaft wieder hergestellt sein."

In dem Zeugnis des Drogenabhängigen:
„Jesus ließ mir die Wahl, sein Opfer anzunehmen oder abzulehnen. Tief ergriffen übergab ich dem auferstandenen Herrn mein Leben und bat ihn, in mein Herz zu kommen."
Kurz darüber sprechen.

**6. Vorlesen:** „Ich kann doch nicht alles aufgeben!"

**?** **„Was hat Marlene getan, um Gottes Geschenk anzunehmen?"**

**7. Lebensübergabe** beschreiben:
Jesus wartet darauf, daß wir uns ihm anvertrauen und ausliefern:
daß wir ihm unsere Schuld bekennen,
daß wir ihm als unserm Herrn die Regierung unseres Lebens übergeben,
daß wir den Heiligen Geist bitten, uns zu führen und zu verändern.

So kann z.B. ein Gebet lauten:
„Jesus! Bitte vergib mir alle Schuld.
Du sollst mein Leben als Herr regieren.
Heiliger Geist, komm und verändere mich."

**8.** Am besten ist ein freies – aus dem Herzen kommendes – Gebet, auch wenn es unvollständig und vielleicht nur ein Satz ist (vielleicht mit Zittern und Herzklopfen oder sogar Tränen).
Gott freut sich darüber.
Der Leiter kann nun zu einem Lebensübergabe-Gebet ermuntern.

**1. Vorschlag:**
Er fragt: „Wer möchte jetzt Gottes Liebe annehmen und sein Leben Jesus ausliefern? Dann steh auf oder knie Dich hin und sag es ihm."
Der Leiter kann dann zu ihm gehen und ihn – mit Namen – (und evtl. mit Handauflegung) segnen.
Die andern Teilnehmer ermutigen (niemals drängen!), auch diesen Schritt zu tun.

**2. Vorschlag:**
Der Leiter liest ein Lebensübergabe-Gebet vor. z. B.:

> „Herr Jesus Christus,
> ich habe mein Leben selbst bestimmt.
> Vergib mir meine Schuld.
> Ich danke Dir, daß Du am Kreuz für mich gestorben bist.
>
> Komm in mein Herz.
> Von jetzt an sollst Du mein Leben regieren.
> Ich unterstelle Dir alle Bereiche meines Lebens.
>
> Heiliger Geist, erfülle mich, verändere mich, führe mich. Amen."

Er schlägt vor, daß er es Satz für Satz vorliest. Dann besteht für alle, die offen und bereit sind, die Möglichkeit, es gemeinsam nachzusprechen. Danach sagt der Leiter: „Wer dies als sein Gebet mitgesprochen hat, kann das mit einem kurzen eigenen Satz laut wiederholen. Ich gehe dann zu ihm, um ihn zu segnen."

## 9. Lob- und Dankgebete und Lieder

**Hinweise für den Leiter:**
Jeder, der sein Leben Jesus übergeben hat, braucht sofort einen Bruder oder eine Schwester, die sich in den ersten 24 (höchstens 48) Stunden um ihn kümmert (Mann zu Mann, Frau zu Frau!): Der ihn zu Hause besucht, ihn einlädt, ihm (möglichst) ein NT schenkt, ihm zum Beten hilft, ihn

zum Bibellesen anleitet, sich mit ihm zum Hauskreis und Gottesdienst verabredet ... Diese „Bezugsperson" sollte sich 3 bis 6 Monate intensiv um ihn kümmern – möglichst mindestens ein Mal in der Woche.
Ohne diese direkte liebevolle Hilfestellung und Zuwendung ist die Gefahr sehr groß, daß das neue Leben, das Gott geschenkt hat, wieder verlöscht.

Wenn der Leiter wieder allein ist: Dank und Fürbitte

## „Ich kann doch nicht alles aufgeben!"

Marlene Zimmermann (etwa 4 Minuten)

Einmal nahm ich an einem Seminar über den christlichen Glauben teil. Der Redner sagte: „Wenn man zu Jesus JA sagt, dann heißt das, daß man sich ihm ganz hingibt, mit ganzem Herzen und mit ganzer Seele und mit dem ganzen Leben, daß man ihm dann also ganz gehören sollte, nicht nur ein Finger oder ein halber Arm. Man muß sich dann schon ganz geben, nicht nur, wie man gerade Lust hat."
Ich ging heim, und dann war da ein innerer Kampf in mir, eine Unruhe, ein Hin und Her, ein richtiges Gezeter. Mein altes Leben hat einen Kampf in mir geführt. Ich wollte mein altes Leben ablegen und das neue Leben annehmen. Aber das war gar nicht so einfach. Das war ein Kampf. (Heute weiß ich: Der Heilige Geist war am Werk.)
Ich sagte: „Mein Gott, ich kann doch nicht alles aufgeben – wie die Jünger und dann Jesus nachfolgen. Ich kann doch von meiner Familie und unserm Haus nicht einfach abhauen."
Dann war da eine Stimme in mir: „Das brauchst du ja auch gar nicht. Ich habe dich an diesen Platz gestellt. Meinst du, ich hätte dir Mann und Kinder gegeben, daß du sie wieder verlassen sollst? Mit allem Drum-und-dran kannst du mein sein. Du sollst mich lieb haben – an erster Stelle. Und dann kannst du deiner Familie die Liebe viel besser weitergeben und sie besser versorgen.
„Ach nein," denke ich, „du willst doch auch feiern, willst fröhlich sein. Das kannst du dann ja gar nicht mehr. Dann läufst du da rum mit einem langen Gesicht und mußt fromm sein."
Und dann wieder die Stimme in mir: „Das stimmt ja gar nicht. Du kannst viel fröhlicher sein. Du brauchst keine Angst vor Menschen zu haben. Du bist ganz locker und frei, du hast Freude. Laß dich überraschen."
„Nun gut," sag ich zu Jesus, „es ist ja auch in deiner Macht, mich von einer Sekunde auf die andere sterben zu lassen. Dann bin ich ja auch weg von der Familie, von meinen Freunden und allem andern."

Aber dann hab ich gedacht: „Es kommt ja nur alles Gute und Liebe von dir, Herr – nicht von Menschen und der Welt." Und dann hab ich gedacht: „Ja, ich probiere es, und ich will mein altes Leben ablegen und dein neues annehmen."
Ich kniete mich hin. Tränenüberströmt bekannte ich Gott meine Sünden, einzeln und konkret. Ich war allein mit Jesus und er vergab mir. Ich hab mich ganz fallen lassen und hab gesagt:
„JA, Jesus, ich will dir nachfolgen, ich will versuchen, deinen Willen zu tun."
Zum Schluß bat ich ihn, ihm dienen zu dürfen. Und dann kam ein großer Friede in mein Herz. Ich war ganz ruhig.
Und dann fing es erst richtig an: Ich ging in einen Kreis von Christen, die haben mir viele Fragen beantwortet. Ich fing an, die Bibel zu lesen und wollte alles wissen.
Ich bin Jesus dankbar. Er hat mein Leben völlig verändert und neu gemacht. Wir haben jetzt viel mehr Frieden in der Ehe. Ich bin geduldiger mit meinem Mann und den Kindern. Jesus gibt mir die Kraft dazu.

# 6. Der Heilige Geist 1

## Früchte

**Vorbereitung:**
- Dank, den Heiligen Geist um Weisheit und Führung bitten, Fürbitte
- Wenn Kopiermöglichkeit vorhanden ist: Für jeden Hesekiel 36,26 und 27 und Galater 5,22 kopieren
- Auf ein großes Blatt mit Filzschreiber eine Weintraube mit neun großen Weinbeeren zeichnen

**1. Der versprochene Heilige Geist**

  **Hesekiel 36,26 und 27** lesen (H. Bruns)

„Ich will euch ein neues Herz geben
und einen neuen Geist schenken.
Ich will das steinerne Herz aus eurer Brust herausnehmen
und euch dafür ein Herz von Fleisch geben.
Ich will meinen Geist in euer Inneres schenken
und will solche Leute aus euch machen,
die nach meinen Satzungen leben
und meine Weisungen beachten und ausführen."

(für jeden – wenn möglich – kopieren, oder aus den mitgebrachten Bibeln lesen, u. U. zu zweit, oder – wenn das nicht möglich ist: zweimal vorlesen.)

**?**  „Was ist dir bei dieser Aussage wichtig?"
  Zeit zum Nachdenken lassen, Stille, Austausch

Gott schenkt ein neues Herz und seinen Geist.
Der Heilige Geist verändert das WESEN des Menschen.

  **Epheser 5,18**
  lesen (Seitenzahl angeben)
Gott will den, der sich ihm ausliefert, mit seinem Geist füllen.
Dieser Satz ist als Gegensatz zum Alkoholtrinken formuliert.
Wörtlich also: Laßt euch vom Heiligen Geist „vollaufen".

## 2. Von den Wirkungen des Heiligen Geistes

Gott möchte, daß wir Jesus ähnlich werden (Römer 8,29), daß wir sein Wesen annehmen. Darum gibt er uns den Heiligen Geist, damit „… Christus in euch Gestalt annimmt." (Galater 4,19)
(Das Blatt mit der Weintraube aufhängen.)

> Die Frucht des Geistes ist Liebe Freude Friede Geduld Freundlichkeit Güte Treue Sanftmut Verzichten können
> Gal. 5,22

Das kopierte Blatt Galater 5,22 verteilen und lesen.

**?** „Welche Früchte zählt Paulus hier auf?"

Jeder darf sich eine der neun Früchte aussuchen und sie – mit einem Filzschreiber – in die Traube eintragen.
(Der Leiter schreibt u. U. die noch fehlenden dazu.)

**Vorlesen:** „Der Heilige Geist und seine Früchte"

**3. „Wie wachsen diese Früchte? Was sagt die Bibel dazu?"**

**Johannes 15,1 bis 8** lesen (Seitenzahl angeben)

**?** „Was ist Dir wichtig und warum?"
Längere Zeit der Stille, Austausch

**?** „Welches sind die Voraussetzungen, um Frucht bringen zu können?"

(z. B.:
Man muß seine „Rebe" sein: Lebensübergabe
am Weinstock bleiben: Gebet, Wort Gottes
Blockaden beseitigen: Vergebung und vergeben
Saft des Weinstocks: Heiliger Geist
So werden wir Jesus ähnlicher.)

**4. Zusammenfassung** mit kurzen Gebeten

Beim nächsten Mal geht es darum, Blockaden zu beseitigen.

Wenn der Leiter wieder allein ist: Dank und Fürbitte

**„Der Heilige Geist und seine Früchte"**

(etwa 5 Minuten)

Bei Menschen, die Jesus in ihr Herz aufnehmen und mit dem Heiligen Geist erfüllt worden sind, zeigen sich unweigerlich nach einiger Zeit die Früchte des Geistes, z. B. Freundlichkeit, Geduld, Friede, Freude, Liebe …

**Fünf Kurzberichte**

„Meine Mutter hielt regelmäßig einen Mittagsschlaf. Wenn sie dann wieder aufstand, war sie immer ungehalten, unfreundlich und schlechter Laune. Nachdem sie Jesus ihr Leben übergeben hatte und der Heilige Geist in ihr wirkte, merkte ich, daß sie nach dem Mittagsschlaf genauso freundlich war wie vorher. Ich konnte es kaum fassen. Das ist so geblieben."

„Nachdem ich bereits einige Jahre mit Jesus lebte, saß ich eines Nachmittags an der Nähmaschine und nähte ein Kinderkleidchen. Innerlich war ich ärgerlich und unkonzentriert, ohne daß ich wußte warum. Plötzlich fiel mir auf, daß ich schon lange Zeit nicht mehr in solchem Zustand gewesen war. Ich konnte mich gut daran erinnern, daß ich mich früher, bevor ich an Jesus glaubte, oft so gefühlt hatte. Wieviel Frieden war in mein Leben gekommen. Vielleicht hatte ich diesen Nachmittag gebraucht, um überhaupt einmal wahrzunehmen, wie anders es jetzt in meinem Herzen aussah."

„Vor zwei Jahren lernten wir eine junge Frau kennen und freundeten uns mit ihr an. Ihr vorherrschender Gesichtsausdruck war Traurigkeit. Nach einigen Monaten übergab sie ihr Leben Jesus und bat um die Erfüllung mit dem Heiligen Geist. Schon bald war der alte Ausdruck verschwunden und eine bisher nicht gekannte Freude spiegelte sich in ihrem Gesicht wider. Wir freuten uns über ihre Freude, die Jesus geschenkt hatte."

„Eins unserer Kinder war so schwierig, daß ich mich immer anstrengen mußte, ihm Liebe zu zeigen. Als ich von einer Tagung zurückkam, bei der ich mich Jesus Christus noch einmal neu hingegeben und um das Erfülltwerden mit dem Heiligen Geist gebeten hatte, sprang mir dieses Kind entgegen. Ich konnte es in die Arme nehmen, ohne mich erst überwinden zu müssen wie bisher, und eine Welle von Liebe strömte aus meinem Herzen und überraschte mich. Das konnte nur der Heilige Geist bewirkt haben."

„Ich hatte mein Leben Jesus übergeben und mich einem Hauskreis angeschlossen. Nach einigen Monaten fragte mich die Leiterin, ob wir nicht um den Heiligen Geist beten sollten. Den kannte ich nicht, aber ich dachte, das kommt von Gott. Der Heilige Geist ist bestimmt etwas ganz Gutes, ein schönes Geschenk. So haben wir zusammen darum gebetet. Es war kein imposantes Erlebnis, aber ich hatte ganz große Freude in mir. Die Früchte würden dann sicher auch noch kommen, dachte ich. Ich ging weiter in den Hauskreis. Einmal hatten wir das Thema „Liebe". Dadurch zeigte mir Gott, daß ich mit meinem Mann ein gemeinsames Frühstück halten müßte. Ich bin jetzt zwölf Jahre verheiratet, aber das gab es noch nie. Mein Magen hatte sich schon so daran gewöhnt, daß es erst mittags etwas zu essen gibt. Er rebellierte, wenn ich morgens etwas aß oder trank. Mein Mann ließ schon mal anklingen, daß es schön wäre, morgens zusammen zu frühstücken. Für mich war das aber sehr weit weg. Als ich das jetzt von Gott hörte, dachte ich, was mag das werden? Ich habe keine Lust, früh aufzustehen, und schlecht wird's mir beim Frühstücken dann auch noch. So betete ich: „Herr, du mußt mir schon ein bißchen Freude daran geben, daß ich das nicht mit so einem miesen Gesicht tue, sondern fröhlich." Am nächsten Morgen bin ich früh aufgestanden, habe den Tisch gedeckt und Kaffee gekocht. Mein Sohn und ich saßen schon bereit, als mein Mann kam. Der staunte und guckte uns an und sagte: „Es hat keiner Geburtstag, es ist kein Hochzeitstag, nichts. Was ist hier los?" Er hat sich sehr darüber gefreut. Das hätte ich nicht für möglich gehalten. Ich dachte, er würde sagen „Ach schön." Aber er kam noch dreimal aus dem Flur zurück und hat mich immer noch mal gedrückt und sagte: „Das ist ja schön!" Und als es das am nächsten Tag wieder gab und am dritten Tag immer noch, konnte er es gar nicht fassen. Ich freue mich, daß ich ihm durch mein verändertes Wesen das Leben mit Gott schmackhaft machen kann."

# 7. Der Heilige Geist 2

## Blockaden beseitigen: Beichte

**Vorbereitung:**
- Dank, den Heiligen Geist um Weisheit und Führung bitten, Fürbitte
- Eine Taschenlampe mit 2 Batterien „präparieren": Eine Batterie rausnehmen (sie wird erst später gebraucht) und ca. 12 „Stofflümpchen" hineinstecken.
- Drei Zeichnungen
- Ein kleines Holzkreuz zum Aufstellen oder ein Blatt mit einem aufgemalten Kreuz
- Bei Kopiermöglichkeit: Für jeden Psalm 32 (Neue Übersetzung, z. B. „Hoffnung für alle")
- Bei Kopiermöglichkeit: Für jeden die Stichworte zur Beichte
- Für jeden ein Schreibblatt und Stift

**1. Wer ist der der Heilige Geist?**

Gott ist: Der Vater, der Sohn Jesus Christus und der Heilige Geist. Drei Personen in völliger Einheit.
Vergleich: Die Sonne ist sowohl Wärme als auch Licht. Aber das Licht ist nicht Wärme und die Wärme ist nicht Licht, und doch sind sie Eins, auch wenn sie sich verschieden zeigen.
So kommt auch Jesus und der Heilige Geist vom Vater.
Sie bringen der Welt zugleich Wärme und Licht. Und doch sind sie nicht Drei, sondern Eins, so wie auch die Sonne nur Eine ist.
Gott ist der dreieinige Gott und es geht darum, uns ganz dem Vater, dem Sohn und dem Heiligen Geist auszuliefern und anzuvertrauen, ihm mit allen drei Personen die Regierung über unser Leben zu überlassen.
Der Heilige Geist ist eine kraftvolle Person. In der Bibel wird er u. a. genannt: Anwalt, Beistand, Tröster, Fürsprecher …
Epheser 4,30: „Betrübt nicht den Heiligen Geist." Er ist eine Person, die empfindet und handelt.
Der Heiligen Geist führt uns dazu, zu Jesus umzukehren und zum Vater heimzukehren.
„Laßt euch vom Heiligen Geist erfüllen" (Epheser 5,18) ist eine klare Anordnung. Ebenso Römer 12,11: „Laßt euch vom Geist entzünden."
Jesus gibt seinen Jüngern die Anweisung, in Jerusalem zu bleiben, bis sie

ausgerüstet sind mit „Kraft aus der Höhe", mit dem Heiligen Geist, um dann als seine Zeugen leben und handeln zu können.
Selbst Jesus brauchte den Heiligen Geist und bekam ihn bei seiner Taufe. Wieviel mehr brauchen wir schwachen Menschen den Heiligen Geist, um als Christen in dieser bedrohlichen, finsteren Welt leben und Gottes Reich ausbreiten zu können.
Der Heilige Geist ist wichtig für unser Leben.
Er verändert unser Wesen.

## 2. Wie wirkt der Heilige Geist?

Dazu zwei Vergleiche

### „Der Heilige Geist als Stabilisator"
Eine Norwegerin erzählte von ihrer Schiffsreise nach Dänemark. Sie hatte in ihrer Kabine gut geschlafen und freute sich beim Aufwachen, daß sie eine so ruhige Überfahrt während der Nacht gehabt hatte. Doch dann stellte sie fest, daß es sehr stürmisch war. Sie erkundigte sich, wie es möglich sei, daß das Schiff bei diesem hohen Wellengang so wenig schaukelte. Ihr wurde erklärt: Das Schiff hat einen eingebauten Stabilisator, der auch bei Sturm eine so ruhige Fahrt ermöglicht.
Das wurde ihr zum anschaulichen Vergleich für den Heiligen Geist, der auch in unserm Leben ein wirksamer Stabilisator in den Stürmen des Lebens ist.
Wer möchte diesen Stabilisator in allen Problemen nicht haben?

Auch der folgende Vergleich will anschaulich machen, was das heißt, wenn Jesus mit dem Heiligen Geist tauft, wie es Johannes der Täufer angekündigt hat (Lukas 3,16). (Die biblische Taufe ist völliges Untertauchen.)

### „Im Strom des Heiligen Geistes"
Wenn wir unser Leben Jesus unterstellen und hingeben, sind wir wie eine Flasche, die mit dem klaren, frischen Wasser des Heiligen Geistes gefüllt wird. Das ist wunderbar. Jetzt haben wir Jesus in uns durch seinen Geist. Aber die Flasche steht immer noch fest an ihrem Platz. Doch der Heilige Geist möchte ganz von uns Besitz ergreifen und uns nach Gottes gutem Plan bis in die Ewigkeit leiten. Wie geschieht das? Wenn die gefüllte Flasche in den Strom des Heiligen Geistes geworfen wird. Nun ist sie nicht

nur gefüllt, sondern auch von allen Seiten von diesem Strom des lebendigen Wassers umgeben (Hesekiel 47,5). Sie wird einfach mitgenommen. Jetzt bestimmt der Heilige Geist die Richtung und ist die Kraft, die führt und trägt.

**3. Was hindert das Wirken des Heiligen Geistes in uns?**

Corrie ten Boom macht an einem Beispiel Blockaden deutlich:

Das erste ist, daß wir uns Jesus völlig ausliefern. Sonst können wir seinen Willen nicht erkennen und tun. Wir sind wie eine Taschenlampe. Unser JA zu Jesus ist wie eine Batterie, die in eine Taschenlampe gesteckt wird. (Taschenlampe zeigen, anknipsen.) Aber sie leuchtet ja nicht! Komisch. Wie kommt das? Es ist doch eine Batterie drin. Wir sind doch jetzt „Kinder des Lichts". Aber wir haben „Lichtsperre". Warum wohl? Da gibt's irgendwelche Schwierigkeiten und Probleme oder harte Lebensumstände. Und schon klemmt es bei uns und wir reagieren negativ auf diese Umstände, und wir machen ein mißmutiges, finsteres Gesicht. Aber nicht die Umstände machen es in uns hell oder dunkel, sondern wie wir darauf reagieren.
Hier in dieser Taschenlampe ist eine Batterie. Eigentlich müßten es zwei sein. Aber für die zweite ist kein Platz. (Taschenlampe öffnen und zeigen, daß der Platz für die zweite Batterie mit kleinen Lumpen vollgestopft ist.) Das sind alles Sünden, die erst raus müssen, um der zweiten Batterie – dem Heiligen Geist – Platz zu machen. (Einzeln rausnehmen und unter das Holzkreuz – oder auf ein Papierkreuz – legen.):
Ungehorsam – unreine Gedanken und Taten – Ungeduld – Lieblosigkeit – Unzufriedenheit – Vorwurfshaltung – Nörgelei – Rechthaberei – Geltungsbedürfnis – Unehrlichkeit – Bitterkeit – nicht vergeben usw.

Die zweite Batterie einsetzen und die Taschenlampe anknipsen.

**Psalm 32,1 bis 7** aufschlagen lassen
(wenn das AT vorhanden ist) oder den Psalm kopiert verteilen
(z. B. aus „Hoffnung für alle") und Stifte.
Wir wollen uns jetzt ansehen, was Sünde für negative Auswirkungen hat. Dazu lesen wir den Psalm mit drei Fragen:

**?** „Was wird hier über Gott gesagt?"
Zusammentragen und unterstreichen.

**?** „Was verhindert, daß wir alles bekommen,
was Gott uns geben will (auch den Heiligen Geist)?"
Zusammentragen und mit einer Wellenlinie unterstreichen.

**?** „Welche Aussage ist Dir besonders wichtig und warum?"
Stille. Austausch.


## 4. Die Blockaden beseitigen: Beichte

Die drei Zeichnungen aufhängen und von den Teilnehmern selbst erklären lassen.
z. B.
(1.) Der Mensch schleppt seinen schweren Schuldensack hinter sich her. Er versucht, ihn vor andern versteckt zu halten. Er spricht nicht darüber. Er zeigt eine „weiße Weste".
(2.) Die Last wird zum Kreuz gebracht und der Inhalt des „Sackes" einzeln vor Jesus bekannt. Jesus übernimmt die Last. Er vergibt.
(3.) Der Befreite lobt Gott.

Kurzer Bericht des Leiters über eigene positive Beicht-Erfahrung.

Beichte ist Schuldbekenntnis Gott gegenüber. Es ist sehr gut und eine Hilfe und Bekräftigung, vor einem Menschen als Zeugen zu beichten, den Gott gebraucht, um Vergebung zuzusprechen und Rat zu geben.
Zu jeder Beichte gehört das Beichtgeheimnis.
„Lebensbeichte" betrifft das ganze bisherige Leben.
**Gebet des Leiters**, daß der Heilige Geist jetzt aufdeckt, was seinem Wirken im Weg steht.
Ermutigung zur Beichte.
Den kopierten Beichtzettel verteilen und ein leeres Blatt und Stifte (Wenn keine Kopiermöglichkeit besteht, nur die vier Überschriften zur Beichte diktieren.)

**1. Lügen, stehlen, betrügen,** z. B. auch Übertreibungen, Unehrlichkeit bei Steuern und Versicherungen … (auch „Kleinigkeiten" bis zurück in die Kindheit).

**2. Sexuelle Sünden** in Gedanken, Worten und Taten
Das ist immer das Peinlichste. Aber was man ans Licht bringt, verliert seine Wirkungskraft, und man wird durch das Blut Jesu rein und leicht, z. B. auch sexuelle Phantasie, Abtreibung, Befürwortung von Abtreibung. Gleichgeschlechtliche „Liebe" (auch in Gedanken).

**3. Lieblosigkeit,** z. B. auch negatives Reden über andere, Rücksichtslosigkeit, egoistische Zeiteinteilung, keine Zeit für Kinder, Ehepartner, alte Eltern, Bedürftige. Steht ein Mensch zwischen mir und meinem Ehepartner?

**4. Okkulter Bereich** – auch wenn es nur „spielerisch" war.

(Der okkulte Bereich soll später noch Thema einer eigenen Einheit sein.)

Jeder kann sich für seine Beichte Stichworte aufschreiben.
Dafür etwa zehn Minuten Stille lassen.
Der Hauskreisleiter und eine weitere geeignete Person, bieten die Möglichkeit zur Einzelbeichte an. (Man soll nur bei jemandem beichten, der selbst beichtet – Frauen sollten zu Frauen gehen und Männer zu Männern.) Sie setzen sich in zwei weitere Räume des Hauses. Einer nach dem andern kann zu ihnen kommen.

**Wichtig:** Nach der Beichte die Sündenvergebung im Namen Jesu zusprechen! Ermuntern, mit einem kurzen Dankgebet zu antworten.

Es ist auch möglich, jetzt einen Beichttermin für die nächsten Tage zu vereinbaren (nicht aufschieben!).
Das Ende des Abends ist offen.

Wenn der Leiter wieder allein ist: Dank und Fürbitte.

# 8. Der Heilige Geist 3

## Gaben

**Vorbereitung:**
Dank, den Heiligen Geist um Weisheit und Führung bitten, Fürbitte
Einen Karton (z. B. einen Schuhkarton) mit Geschenkpapier bekleben und füllen mit ca. 10 kleinen, schön eingepackten Päckchen, als oberstes das Blatt mit den Früchten des Geistes.

**Kurze Wiederholung der beiden letzten Einheiten**
Die Flasche im Strom; Der Stabilisator im Schiff (… auch im Sturm Ruhe)
Die Taschenlampe (… Lumpen raus … zweite Batterie rein … Licht)
Schuld unters Kreuz bringen und davon frei werden

Heute geht es um die Gaben des Heiligen Geistes und darum, wie man diesen wunderbaren Heiligen Geist bekommt. Wir dürfen den Vater darum bitten und ihn im Glauben in Empfang nehmen.

## 1. Gaben

Wenn wir um den Heiligen Geist bitten, bekommen wir Kraft, Licht und Stabilität für die Herausforderungen des Lebens. Und er gibt uns noch mehr als das.

**Das Geschenkpaket**
Das Päckchen auf den Tisch stellen und öffnen. Als oberstes liegt noch einmal zur Erinnerung das Blatt: „Die Frucht des Geistes" (Vorlesen)
Frucht ist nicht plötzlich da, sondern wächst und entwickelt sich. Wesensveränderung braucht Zeit.
Aber der Heilige Geist bringt noch mehr mit außer den Früchten.
Die kleinen Päckchen sind Hinweise für die Gaben des Heiligen Geistes. Die bekommen wir sofort, schon als „Baby-Christen". Sie sind keine Auszeichnungen, keine Belohnung für gutes Verhalten. Sie werden uns als „Handwerkszeug" gegeben, um im Reich Gottes mitarbeiten zu können, um die Gemeinde Jesu aufzubauen und zu stärken und um Jesus in der verlorenen Welt zu bezeugen.
Der Heilige Geist gibt viele verschiedene Gaben und teilt jedem seine besondere Gabe zu.
(Einzeln rausnehmen und benennen) z. B.:

- das richtige Wort im richtigen Augenblick (so: „Hoffnung für alle")
- die Gabe, Kranke zu heilen (Markus 16,18b)
- Wunder zu tun
- die prophetische Gabe
- Geister unterscheiden (ob sie von Gott oder aus der Finsternis sind)
- Dienen
- Lehren
- die Gabe zu leiten (z. B. Gemeinde, Hauskreis, Anbetungsgruppe …)
- Sprachengebet (das Beten in unbekannten Sprachen, darüber sprechen wir gleich noch ausführlicher)
- Auslegung des Sprachengebetes
Es gibt noch viel mehr Gaben, dies sind nur einige.

Nun erst die Zusammenstellung des Paulus aufschlagen:

**1. Korinther 12,4 bis 11** lesen (Seitenzahl angeben)
(Die Gaben sollen jetzt nicht ausführlicher erklärt werden, evtl. die eine oder andere ganz kurz charakterisieren.)

**2. Sprachengabe**
(Zur Vorbereitung des Leiters: 1. Korinther 14,1 bis 26)

Wir wollen uns jetzt eine der Gaben etwas genauer ansehen: Die Sprachengabe. Sie steht uns jederzeit zur Verfügung.
Aus **1. Korinther 14** soll hier viererlei hervorgehoben werden:
Sie stärkt und baut uns selbst auf. (Vers 4a)
Wir können mit ihr Gott anbeten. Sie hilft uns, wenn uns die Worte der Muttersprache nicht ausreichen. (Vers 2)
Wir können mit ihr Loblieder singen, ohne den Text auswendig zu können. (Vers 15)
Wenn sie im Hauskreis oder im Gottesdienst öffentlich gebraucht wird, ist anschließend dazu eine Auslegung nötig. (Vers 13)

Paulus sagt (1. Korinther 14,5): „Ich möchte (oder: ich wünschte), daß ihr alle in Sprachen betet." (In „Hoffnung für alle" nicht richtig übersetzt: „Meinetwegen könnt ihr …")
Weil Paulus das so wichtig ist, schreibt er: „Ich danke Gott, daß ich mehr in Sprachen bete als ihr alle." (Vers 18)

Zwei Beispiele dafür, was für ein wunderbares, wichtiges Geschenk Gottes das Sprachengebet für uns ist.

# Das Sprachengebet – „im Vorhof der Hölle"

Jackie Pullinger (etwa 6 Minuten)

Jackie Pullinger ging als junge Missionarin in Honkkong in die „Vermauerte Stadt", den schlimmsten Stadtteil, voller Kriminalität, Prostitution, Drogen und Banden. Sie erzählt:

„Ein netter amerikanischer Matrose stellte mich einmal wegen meines Betens in Sprachen zur Rede. Er meinte, daß ich auf diese Gabe viel zu viel Gewicht legte. Er hatte diese Gabe zwar auch, aber nach seiner Meinung sollte man dieses Beten im Geist nur sparsam anwenden.

Ich erklärte ihm, daß gerade das Sprachengebet für mich eine Möglichkeit ist, ohne Unterlaß zu beten. Durch die daraus resultierende enge Verbindung mit dem Herrn werde ich brauchbarer für sein Werk. Ich bete im Geist, wenn ich durch die Kolonie ging – im Bus, auf dem Boot, auf der Straße, ganz leise, ohne daß es jemand hörte. Ich bot dem Matrosen an, ihn gern zu einer Tagestour durch Hongkong mitzunehmen, auf der wir ohne Unterlaß beten würden.

Schon am nächsten Tag trafen wir uns und gingen durch den Westbezirk zur Küste. Der Weg erinnerte mich an meine ersten Tage in Hongkong, als ich anfing, hinter die glänzende Touristenfassade zu schauen, auf den Schmutz, die Armut und den Kampf, auf die endlose Arbeit und all das Elend.

Ich erzählte dem amerikanischen Matrosen, wie ich während der ersten Tage gebetet hatte, Gott möge mir zeigen, welchen Teil seiner Arbeit er mir zuteilen wolle. Er hatte geantwortet, indem er mich in die „Vermauerte Stadt" schickte, wo ich danach zwölf Jahre lang wunderbare Dinge erlebte, von denen ich mir vorher nie hätte träumen lassen.

Mein Matrose war von dieser Seite Hongkongs überwältigt. Aber der Sinn unserer Tageswanderung war ja nicht, daß er Hongkong kennenlernte; ich wollte ihn ermutigen ohne Unterlaß zu beten. Als wir weitergingen, begann ich zu beten. Ich nahm ihn mit in ein Haus hinein, in dem sich sowohl Bordelle als auch Tanzsäle breitmachten. Es war ein Ort, wo Süchtige herumhingen, todkrank und halb verhungert. Wir stiegen die Hintertreppe hinauf und mußten über schlafende Menschen steigen und uns mühsam die Tritte suchen. Hier wollte ich Mau Wong besuchen, den „König der Katzen", der besser ernährt war als die andern, weil er ein „Beschützer" mehrerer Prostituierten war und eine Menge Geld verdiente.

Wir fanden ihn in einem äußerst unglücklichen Zustand: Er hatte schreckliche Leibschmerzen, schwitzte fürchterlich und erbrach sich. Er konnte nicht zuhören, als ich ihm von Jesus erzählte. So legten wir, der junge Amerikaner und ich, ihm die Hände auf und beteten leise für seine Heilung. Sehr schnell vergingen seine Schmerzen, und auf seinem Gesicht lag ein Ausdruck großer Überraschung. Er konnte kaum glauben, was mit ihm geschehen war, aber jetzt war er bereit, sich hinzusetzen und zuzuhören. Er nahm Jesus an und wurde an Ort und Stelle mit dem Heiligen Geist erfüllt. Wir hatten kaum zu beten aufgehört, als er aufstand, wegrannte und wiederkam und eine traurige Mannsgestalt mitbrachte mit eingefallenen Wangen. Mau Wong erklärte, daß dieser Mann Zahnschmerzen habe, ob wir auch für ihn beten wollten. Da nahmen wir ihn mit auf das flache Dach des Hauses und beteten auch mit ihm. Er wurde sofort geheilt. Danach erzählten wir ihm, wer Jesus ist und was er für ihn getan hat. Er war bereit, Jesus anzunehmen, und vollzog seine Übergabe sofort. Dabei bekam ich eine Botschaft in meiner Gebetssprache, und Mau Wong, der „König der Katzen", war imstande, sie auszulegen. Es war eine Botschaft über Reue und Buße, die ihn außerordentlich bewegte.

Der junge Amerikaner und ich setzten unsere Tour durch Hongkong fort; wir überquerten den Hafen und nahmen einen Minibus nach Kaiwan. Ich betete die ganze Zeit, aber so, daß es keiner hören konnte. Mein Matrose hatte zuerst gedacht, es sei zuviel verlangt, im Bus zu beten, aber nachdem er gesehen hatte, was durch dieses Beten passiert war, machte er mit. Den ganzen Tag beteten wir ohne Unterlaß, außer beim Essen und während wir mit denen sprachen, die wir unterwegs trafen.

In Kaiwan steuerten wir auf eine Rauschgifthöhle zu. Es war für den jungen Amerikaner ziemlich gefährlich, dorthin zu gehen. Aber sie hießen uns beide willkommen, als ob sie uns erwartet hätten, um etwas von Jesus zu hören. Wir waren tatsächlich sehnlichst erwartet worden. „Poon Siu Jeh, kann ich eine Bibel haben?" fragte ein Süchtiger. – „Wie kann ich ein neues Leben anfangen?" fragte ein anderer. – „Bin ich zu alt, um gerettet zu werden" forschte ein alter Mann. Wo kann ich etwas von Jesus und seiner Lehre hören?"

„Du brauchst nicht zu warten, bis du zu einer Versammlung gehst, um von Jesus zu hören. Ich erzähl dir gleich hier etwas von ihm", schlug ich vor. Ich setzte mich und fing an zu sprechen. Immer mehr Leute kamen und hörten zu. Der alte Mann hörte mit Staunen die biblischen Geschichten an und nahm Jesus auf wie ein kleines Kind. Er gab sein kleines Hehlernest auf und kam von da an regelmäßig zum Sonntagsgottesdienst.

Später wurden auf unserm Weg noch zwei Menschen bekehrt, und mein amerikanischer Freund brauchte keine Beweise mehr für die Wirkung des Sprachengebets."

(Aus: „Licht im Vorhof der Hölle", Dynamis-Verlag, Kreuzlingen)

## „Sprachengebet und Auslegung"

Jackie Pullinger (etwa 3 Minuten)

Jackie Pullinger hat eine ständig wachsende Reha-Arbei für Drogenabhängige aufgebaut. Darüber berichtet sie:

„Einmal waren die Jungen für mich persönlich von großem Segen. Ich kam ganz erschöpft heim und machte mir große Sorgen über die Zustände im Haus. Mary hatte uns verlassen; zwei junge Mitarbeiter waren gegangen. Ich fühlte mich einfach außerstande, die vielen Neubekehrten zu betreuen, zusammen mit immer mehr Jungen, die uns vom Gefängnis übergeben wurden.

Ich hatte große Zweifel, ob Christen in andern Ländern wohl solche Probleme mit Neubekehrten haben, wie ich sie hatte. Jedenfalls hatte ich noch nichts darüber gelesen.

„Bitte sucht mir einen schönen, ermutigenden Bibelvers heraus", bat ich die Jungen. Ich fühlte mich zu müde, ihnen eine Bibelstunde zu geben. Nachdem sie eine Weile herumgeblättert hatten, entschied ich: „Wir wollen beten."

Als wir beteten, hatte ich eine Botschaft in Sprachen und einer der Jungen legte sie sofort aus. Er war in seinem Leben nur ein paar Jahre zur Schule gegangen, konnte die Bibel nicht lesen und glaubte erst seit einigen Tagen an Jesus. Aber seine Auslegung war ein klares, korrektes Zitat aus den Psalmen:

„Die mit Tränen säen, werden mit Freuden ernten.
Sie gehen und weinen und streuen ihren Samen
und kommen mit Freuden und bringen ihre Garben.
Wenn der Herr nicht das Haus baut,
so bauen umsonst, die daran arbeiten.
Es ist umsonst, daß ihr früh aufsteht
und danach lange sitzt
und eßt euer Brot mit Sorgen;
denn seinen Freunden gibt er es im Schlaf."
(Psalm 126,5 bis 6; Psalm 127, 1 bis 2)

Diese geistlichen Babys waren durch das Wirken des Heiligen Geistes in der Lage, mir genau die richtigen Worte zu sagen, die ich brauchte.
Weil ich so gesegnet wurde, kann ich denen nicht zustimmen, die die Geistesgaben bloß als fromme Nebensache oder gar als gefährlich ansehen. Kein Wunder, daß Paulus uns ermuntert, nach den Gaben des Geistes zu streben; denn sie sollen uns aufbauen und auf diese Weise Gott verherrlichen."

**?** „Habt ihr dazu Fragen?"
Der Leiter berichtet kurz von seinen eigenen Erfahrungen und evtl. noch ein oder zwei andere, die das Spachengebet schon empfangen haben.

### 3. Bitten und empfangen

Lukas 11,9 bis 13
lesen (Seitenzahl angeben)

**?** „Was beeindruckt euch daran?"
Austausch
(z. B. Wir dürfen wie Kinder den Vater bitten. – Der Vater gibt gerne und selbstverständlich. – Der Vater wird keine schlechten Gaben geben. – Bitten und Gott wird geben. Wir glauben ihm.)

Der Leiter fragt:

> „Seid ihr bereit, den Heiligen Geist und die Gaben nach Gottes Wahl in Empfang zu nehmen, sie zu seiner Ehre und zum Bau der Gemeinde einzusetzen, dann antwortet: Ja, ich bin bereit."

Dann kann jeder, der „JA" gesagt hat, in einem kurzen Gebet um den Heiligen Geist bitten.
Danach geht der Leiter von einem zum andern, legt ihm die Hände auf, spricht ihm zu, daß Gott seine Bitte erhört hat und segnet ihn mit einigen freien, vom Geist Gottes eingegebenen Worten.
Dann geht es um das Sprachengebet.

Dazu noch einige hilfreiche **Erklärungen**:
Der Teufel haßt das Sprachengebet, weil es ein direkter, heißer Draht zu Gott ist. Er versucht alles, um uns daran zu hindern. Zweierlei sagt er immer sofort:
1. Das machst du ja selbst!
2. Das bringt dir nichts!
Aber wir verlassen uns nicht auf das, was uns der Teufel für Meinungen

einreden will, nicht auf unsere Gefühle oder unsere eigene Meinung, sondern auf Gottes Wort.
1. Korinther 14,4a sagt Paulus:
„Wer in Sprachen betet, baut sich selbst auf." Das glauben wir.

Um in der Anbetungssprache zu beten, ist Dreierlei notwendig:
1. den Mund öffnen,
2. die Zunge bewegen,
3. die Stimmbänder benutzen.
Auch bei einem begabten Sänger (oder Redner) passiert nichts, wenn er diese drei einfachen Dinge nicht tut.

(1. Möglichkeit: Wenn eine Gruppe noch sehr zurückhaltend und noch nicht offen für das Sprachengebet ist, kann man hier mit einem Dankgebet schließen und mit der Bitte, daß Gott selbst den Hunger nach mehr von den Gaben seines Geistes schenkt!
2. Möglichkeit: Wenn die Gruppe innerlich mitgegangen und offen ist:)

Also alle Hemmungen und Selbstbeobachtungen unter dem Kreuz ablegen, das Herz auf Jesus richten und anfangen (nicht in der Muttersprache oder einer anderen erlernten Sprache).

Bei all diesen Erklärungen locker bleiben und keinen Druck ausüben.

Der Leiter ermutigt die Teilnehmer, sich jetzt einfach „anzuhängen", wenn er (mit seinen Helfern) beginnt, laut in Sprachen zu beten oder zu singen.

Nach einiger Zeit des Betens die Teilnehmer ermuntern, zu Hause täglich in Sprachen zu beten, damit es nicht wieder versinkt. Diejenigen, bei denen es noch nicht richtig „fließt", ermutigen, nicht aufzugeben, täglich Jesus für seinen Geist zu danken, ihn anzubeten und dann erneut: Mund auf, Zunge bewegen, Stimmbänder einsetzen.
Oft ist es am Anfang leichter, in Sprachen zu singen.

Zum Abschluß: Kurze Dankgebete

Wenn der Leiter wieder allein ist: Dank und Fürbitte.

# 9. Gemeinschaft mit Jesus Christus in der „Stillen Zeit"

**Vorbereitung:**
- Dank, den Heiligen Geist um Weisheit und Führung bitten, Fürbitte
- 2 Blätter mit dickem Stift beschreiben:
  a) 1. Korinther 7,23 „Ihr seid teuer erkauft ..."
  b) „Werdet nicht Sklaven von: ..."
  (Wenn Kopiermöglichkeit vorhanden ist, für jeden hinten aus dem Buch „Eine Woche Stille Zeit" kopieren.
- Für jeden den Bibelleseplan „Bendorfer Kärtchen Nr. 12" bei Asaph bestellen.
- Wenn der Plan noch nicht vorhanden ist, Zettel und Stifte bereithalten, damit sich jeder die Bibelstellen bis zum nächsten Treffen aufschreiben kann.
  (Nachdem letztes Mal einige mit dem Heiligen Geist erfüllt worden sind, soll für das Folgende von jetzt an immer ausdrücklich ein besonderer Zeitraum sein.)
- Nach einer Lobpreiszeit oder am Ende: Füreinander beten und auf Erkenntnisse und Eindrücke des Heiligen Geistes warten.

**?**    **1. „Einige haben in der letzten Zeit Jesus ihr Leben übergeben. Was hat sich seitdem verändert?"**
Berichten lassen, auch von denen, die diesen Schritt schon vor längerer Zeit getan haben.

2. Wie können wir in dieser neuen Gemeinschaft mit Jesus bleiben und wachsen?

**Vorlesen:**
**Mein Herz – Christi Wohnung**
            Überarbeitung eines Textes von R. Munger, von den „Navigatoren"
                                                 (etwa 5 Minuten)
„Ich kann mir kein größeres Vorrecht denken, als mein Herz zu einem Zuhause für Jesus zu machen, ihn willkommen zu heißen, ihm zu dienen, ihm Freude zu machen und mit ihm Gemeinschaft zu haben.
Ich werde den Abend nie vergessen, an dem ich ihn in mein Herz einlud. Was für einen Einzug hielt er da! Das war kein verschwommenes Gefühl, sondern Realität meines Lebens. Ich wurde in der Mitte meines Lebens er-

griffen. Jesus kam in die Dunkelheit meines Herzens und machte Licht. Im erkalteten Kamin meines Herzens zündete er sein Feuer an und es wurde warm. In die Stille brachte er seine Musik und füllte meine innere Leere mit seiner wunderbaren, liebevollen Gegenwart aus. Ich habe nie bereut, daß ich Jesus die Tür geöffnet habe. Und ich werde es nie bereuen – bis in alle Ewigkeit.

Dann sagte ich zu Jesus: „Du sollst der Herr in allen Räumen meines Hauses sein." Ich führte ihn von einem Raum in den andern. So kamen wir auch ins Wohnzimmer. Es ist ganz persönlich und gemütlich eingerichtet. Es hat einen offenen Kamin, bequeme Sessel, ein großes Sofa, ein Bücherregal. Ihm schien es zu gefallen. Er sagte: „Das ist wirklich ein wundervolles Zimmer. Wir wollen uns oft hier treffen. Es ist so abgeschlossen und ruhig, hier wollen wir Gemeinschaft haben." Ich war von seinem Vorschlag begeistert und konnte mir nichts Schöneres vorstellen, als eine Zeit des tiefen Austausches mit Jesus. Er versprach: „Ich werde früh an jedem Morgen in diesem Zimmer sein. Wir wollen uns hier jeden Morgen treffen und den Tag gemeinsam beginnen."

So kam ich Morgen für Morgen hinunter ins Wohnzimmer. Er nahm die Bibel aus dem Regal, öffnete sie und wir lasen gemeinsam darin. Er erzählte mir von der Größe und der Liebe Gottes, von den Reichtümern dieses kostbaren Buches und entfaltete seine Wahrheiten. Während er mir seine Liebe und Gnade offenbarte, wurde mein Herz ganz warm.

Er sagte mir, was er an diesem Tag für einen Plan für mich hatte. Es waren wunderschöne Stunden, die wir gemeinsam verbrachten. Das Wohnzimmer wurde mir zum wichtigsten Raum des Hauses, weil ich dort ungestört mit Jesus zusammen sein konnte.

Aber nach und nach wurde diese Zeit unter dem Druck der vielen Arbeit und Verantwortung immer kürzer. Ich weiß selbst nicht genau, wie es geschehen konnte. Es geschah nicht absichtlich, sondern einfach nur so aus Versehen. Schließlich verpaßte ich sogar hin und wieder einen Tag. Immer wieder kamen dringende Aufgaben. Dann fing ich an, schon mal zwei Tage auszulassen und dann sogar noch mehr. Ich war einfach zu beschäftigt, um Zeit mit Jesus zu verbringen.

Ich erinnere mich an einen Morgen, an dem ich in aller Eile die Treppe hinunter rannte, um schnell wegzukommen. Als ich dabei am Wohnzimmer vorbeikam, stand die Tür einen Spalt offen. Ich sah im Vorbeieilen den Herrn am Kamin sitzen. Mit Schrecken dachte ich: „Er ist doch mein Herr! Ich habe ihn in mein Herz aufgenommen! Ich übergab ihm als meinem Herrn mein Leben. Und jetzt lasse ich ihn hier allein sitzen." Ich kehrte um und ging ins Wohnzimmer. Mit gesenktem Blick sagte ich: „Lieber Meister, hast du hier jeden Morgen auf mich gewartet?" – „Ja," sagte er, „ich habe dir doch versprochen, daß ich jeden Morgen hier sein würde, um mit dir zusammen zu sein." Jetzt war ich noch beschämter. Er war mir trotz meiner Untreue treu geblieben. Ich bat um Verzeihung, und er vergab mir, wie er immer tut, wenn ich von Herzen bereue. Er sagte dann: „Dein Problem liegt darin, daß du die „Stille Zeit", das Bibellesen und das Gebet nur als einen Teil deines eigenen geistlichen Wachstums betrachtet hast. Du hast nicht daran gedacht, daß diese Morgenzeit auch mir etwas bedeutet. Vergiß nicht, wie sehr ich dich liebe. Es hat mich sehr viel, ja mein Leben gekostet, dich zu erretten. Und nun sehne ich mich nach Gemeinschaft mit dir. Schenk mir diese Zeit am Morgen. Was auch immer deine Wünsche sein mögen, denk daran, daß ICH Gemeinschaft mir DIR haben möchte."

### 3. 1. Korinther 7,23
lesen, evtl. in verschiedenen Übersetzungen.
Diesen Vers als Blatt aufhängen, damit er sich besser einprägt.

> „Ihr seid teuer erkauft,
> werdet nicht Sklaven von Menschen."
> 1. Korinther 7,23

**?** „Was will uns von der „Stillen Zeit" abhalten?"

Blatt aufhängen und Antworten anschreiben.

> Werdet nicht Sklaven von:
> ...................................................................
> (z. B. Schlaf, Arbeit, Fernsehen, Hobby, Freunden ...)

### Matthäus 6,33
lesen – evtl. in verschiedenen Übersetzungen.
Der argentinische Evangelist J. C. Ortiz sagte:
„Alles, was ich zu tun habe, ist sein Reich (bzw. Jesus) an die erste Stelle zu setzen. Dann werde ich mich wundern und fragen: Wo ist all der Segen hergekommen? Alle diese Dinge müssen mir zugefallen sein, während ich nach dem Reich Gottes getrachtet habe."

## 4. Zusammenfassendes Gespräch
Evtl. aus „Fragen an Tim" die eine oder andere Antwort zitieren, wenn entsprechende Schwierigkeiten genannt werden.

Ankündigung für das nächste Mal:
Austausch über Entdeckungen und Erfahrungen aus der „Stillen Zeit". Verteilen Sie den Bibelleseplan oder geben Sie die Bibelstellen bekannt, die bis zum nächsten Mal gelesen werden sollen. Die Teilnehmer können sie sich auf einem Zettel notieren. Das NT sollte verpflichtend, das AT freiwillig sein. Es ist gut, wenn alle der gleichen Bibellese folgen. Mit der angegebenen Bibellese kommt man einmal im Jahr durch die ganze Bibel.
Wenn Kopiermöglichkeit vorhanden ist, die Blätter „Eine Woche Stille Zeit" ausgeben.
Ob Kopiermöglichkeit vorhanden ist oder nicht: In jedem Fall dazu anregen, sich ein Heft anzuschaffen, um sich täglich jeweils den wichtigsten Bibelvers, die wichtigste Erkenntnis und das, was man daraufhin tun will, einzutragen.
Beim nächsten Mal die Blätter bzw. das Heft als Gedächtnisstütze mitbringen (nicht abgeben!).
Wenn Sie merken, daß einzelne Teilnehmer Mühe mit dem Schreiben haben, ergänzen Sie: Wer nicht so gerne schreibt, kann sich auch den wichtigsten Vers täglich in der Bibel unterstreichen.

Wenn der Leiter wieder allein ist: Dank und Fürbitte

### Einige Fragen zur „Stillen Zeit" an Tim Ruthven

- *„Ich spreche zu Gott beim Autofahren und bei der Arbeit. Meinst Du, daß ich in meinem Leben noch etwas anderes brauche?"*
**Tim**: „JA! Paulus würde das, was Du tust, wahrscheinlich „unaufhörlich beten" nennen, und das ist sehr nützlich für unser geistliches Leben. Ich möchte Dich von dieser Gewohnheit nicht abhalten, sondern bete, daß andere Deinem Beispiel folgen. Trotzdem ist das nicht das, was „Stille Zeit" meint: nämlich die „Kämmerlein-Erfahrung". In Matthäus 6,6 sagt Jesus: „Wenn du aber betest, so geh in deine Kammer." Unser geistliches Leben wird lebendig und wir werden empfindsam für die Gegenwart Gottes, wenn wir eine feste Zeit und einen festen Ort haben, um Gott zu begegnen. Dies ist eine Zeit engster Gemeinschaft mit Gott, eine Zeit, in der Gott die Ernsthaftigkeit unseres Handelns sieht – wir lassen ja alles beiseite, was wir tun könnten, um mit ihm allein zu sein. Wenn wir den Tag

in unserer „Gebetskammer" mit Gott begonnen haben, wird die Gemeinschaft, die wir im Auto und bei der Arbeit mit ihm pflegen, noch tiefer."
- *„Willst Du sagen, daß Du Gott ständig hörst, daß er jeden Tag in Deiner „Gebetskammer" mit Dir spricht?"*

**Tim**: „Nein, das sage ich nicht. Ich meine, daß ich mich für ihn verfügbar mache. Manchmal wird eine Schriftstelle oder ein Teil davon für mich lebendig. Ein andermal lese ich den gleichen Tagesabschnitt immer wieder, bis ich etwas habe, worüber ich nachdenke. Wenn das nicht gelingt, nehme ich mir die zweite Tageslesung vor. Dann wende ich mich vielleicht den Sprüchen zu und lese das Kapitel, das zum Datum des Tages paßt (am 5. des Monats das 5. Kapitel). Wenn mich immer noch kein Vers anspricht, nehme ich an, daß der Herr mir im Moment nichts zu sagen hat, und ich erinnere mich daran, daß ich rein gewaschen bin durch den Umgang mit dem Wort. Wir können nicht in der Gegenwart Jesu sein und ihm vertrauen, ohne daß er sich darüber freut. So gehe ich meinen Weg weiter und freue mich und preise Gott, daß er mir den heutigen Tag anvertraut."

- *„Warum legst Du so eine Betonung auf einen Bibelleseplan?"*

**Tim**: „Dieser Plan gibt mir jeden Tag einen bestimmten Abschnitt, in dem ich Gott begegnen kann, und ich habe den Eindruck, daß Gott gerne weiß, wo er mich jeden Tag in seinem Wort finden kann. Wenn ich jedes Jahr die Bibel einmal ganz durchlese, gebe ich Gott die Möglichkeit, die ganze Bibel in mein Leben einzubauen. Paulus schrieb an Timotheus: „Jedes Schriftwort von Gott eingegeben, dient ..." (2. Timotheus 3,16). Allmählich – im Laufe der Jahre – beginne ich, die Bibel als Ganzes zu sehen. Ich strebe danach, das Wort in meinem Alltagsleben zu erfahren. Mit dieser Bibellese kommt man einmal im Jahr durch die ganze Bibel."

- *„Tim, ich habe Schwierigkeiten, am frühen Morgen aus dem Bett zu kommen."*

**Tim**: „Kauf Dir einen Wecker und geh früher ins Bett! Und außerdem – prüf Dein Herz. Hattest Du in Deinem Leben schon einmal den ganz starken Wunsch, etwas zu tun, das von Dir frühes Aufstehen erforderte? Wenn ich etwas ganz heiß ersehne, kommt es mir auch nicht darauf an, früher aufzustehen. Sehnen wir uns wirklich mehr nach Gott als nach irgend etwas anderem in unserem Leben? In der „Stillen Zeit" entfaltet sich das Leben des Herzens. Wir gewinnen den lieb, der uns zuerst geliebt hat. Nimm Dir Zeit in der Erwartung, daß Gott die belohnt, die ihn suchen (Hebräer 11,6). Dann bitte Gott täglich, daß er Dir die Gnade schenkt, ihn an die erste Stelle in Deinem Leben zu setzen und daß Du den Wunsch hast, ihm jeden Tag zu begegnen. Laß Dich durch Dein Versagen nicht entmutigen, sondern fahre fort, Gott zu suchen, bis er dies in Deinem Leben bewirkt. Er wird Dir Deinen Herzenswunsch erfüllen."

# II.
# WACHSEN IM GLAUBEN

# STILLE ZEIT 1

## Praktisch

**Vorbereitung:**
Dank, den Heiligen Geist um Weisheit und Führung bitten, Fürbitte
Bei Kopiermöglichkeit für jeden vervielfältigen:
„Eine Woche Stille Zeit"
„Fünf Schritte als Hilfe für die Stille Zeit"
Wenn es keine Kopiermöglichkeit gibt:
Zettel und Stifte für jeden
Blatt mit den fünf Schritten als Hilfe zur Stillen Zeit, nur die Symbolfiguren zeichnen (aufheben für die 2. Einheit!).
Wenn möglich, für jeden ein „Edelstein"-Buch besorgen oder die Probehefte für einen Monat.
Für jeden den Bibelleseplan (Bendorfer Kärtchen Nr. 12 – bei Asaph)

Nach einer Lobpreiszeit oder am Ende: Füreinander beten und auf Erkenntnisse und Eindrücke des Heiligen Geistes warten.

**1.** Wir sind neu geworden, als wir zum Glauben an Jesus kamen. Doch wie sieht unser neues Leben aus? Wie kann es zu einer täglichen Erneuerung kommen?

**2. Korinther 4,16 lesen**
Die Stille Zeit ist wichtig, damit der innere Mensch nicht zerfällt, und wir nicht mutlos werden. Wir dürfen uns nicht auf alten Erfahrungen ausruhen, sondern brauchen eine tägliche Erneuerung.

**2. Vorlesen:** „Im Rosengarten"

**?**  **3.** „Was ist mir an diesem Bericht wichtig?"
Austausch

**4.** Das Blatt aufhängen mit den Symbolzeichen:
**„Fünf Schritte als Hilfe für die Stille Zeit."**
Zu jeder Symbolfigur eine kurze Erklärung.
(Wer will, kann sich die Figuren abzeichnen.)
Evtl. das kopierte Blatt verteilen.

1. BETEN
Z. B. „Laß mich am Morgen hören deine Gnade, denn ich hoffe auf dich." (Psalm 143,8)

2. LESEN
am besten nach einem Plan

3. NACHDENKEN UND HÖREN
Z. B. unterstreichen
Notizen in ein Heft
eine Auslegung lesen (z. B. die „Edelsteine")

4. LOBEN, BITTEN, DANKEN

5. TUN
„Alles im Namen Jesu" (Kolosser 3,17)

**5. Verabredung für die tägliche Stille Zeit.**
Wenn vorhanden, die „Edelstein"-Bücher verteilen. (Dann entfällt das andere.) Oder den Bibelleseplan verteilen.
Sonst die Bibelstellen für die nächsten Tage bekanntgeben.
Jeder kann sie sich notieren und in die Bibel legen.
Der ganze Kreis sollte den selben Bibelleseplan haben.
Es hilft beim Lesen und Hinhören, wenn man in der Bibel (und in den EDELSTEINEN) etwas anstreicht.

Wenn Kopiermöglichkeit vorhanden ist:
Aushändigen des Zettels: „Eine Woche Stille Zeit", den jeder während der Woche für seine Stille Zeit gebrauchen sollte.
Oder stattdessen: Auf die Möglichkeit hinweisen, ein „Stille-Zeit-Heft" zu führen, täglich den wichtigsten Vers und eine wichtige Erkenntnis hineinschreiben.

**Wichtig**: Es geht nicht um Fleißarbeit, sondern um **die Gemeinschaft mit Jesus,** um von ihm zu hören, was er zu sagen hat. Dazu können auch Notizen helfen. Es gibt Menschen, die Mühe mit dem Schreiben haben. Deshalb sollte man aussprechen: Die Notizen werden von niemand ande-

rem gelesen. Es kommt nicht auf Rechtschreibung oder Schönschrift an. Wenn Menschen eine Sperre haben zu schreiben, sollte man sie ermuntern, sich einfach nur Sätze in der Bibel (und in den EDELSTEINEN) zu unterstreichen.
Jetzt schon erwähnen, daß Erfahrungen, Erkenntnisse und Notizen bei der nächsten Zusammenkunft mündlich ausgetauscht werden. Darum: Notizen mitbringen.

Wenn der Leiter wieder allein ist: Dank und Fürbitte

## „Im Rosengarten" – Erfahrungen aus der Stillen Zeit
Dorothee Gleiss (etwa 12 Minuten)

Ich bin seit einigen Jahren Christ und habe gelernt, wie wichtig es ist, täglich in Gottes Wort zu lesen und Zeit mit Jesus zu verbringen. Ich will ein wenig von meinen Erfahrungen erzählen und dem, was mir geholfen hat zu einer regelmäßigen Stillen Zeit zu finden.
Zunächst ein paar Vergleiche und Bilder dafür, wie wichtig und kostbar diese Stille Zeit ist.
Ein guter Freund erzählte uns folgende Geschichte: Eine Frau hatte einen Rosengarten. Sie liebte ihre Rosen und pflegte sie den ganzen Tag. Sie verließ den Garten nur zum Einkaufen. Die Leute im Geschäft stießen sich an und schnupperten die Luft ein: denn ein Duft von Rosen umgab die Frau. Wenn sie zu lange von ihrem Garten fernblieb, verflog der Duft. – So ist es auch bei uns: Wenn wir vor Gottes Angesicht kommen, sind wir in dem Duft seiner Heiligkeit und nehmen ganz von selbst etwas davon an. Andere merken das, und wir merken es auch. Unser Verhalten ist dann anders als sonst. Wenn wir zu lange dem Rosengarten – der Nähe Jesu – fernbleiben, kommt das alte Wesen wieder hervor.
Eine andere schöne Geschichte, die wir einmal hörten: Es war einmal ein Schäfer, ein einfacher Mann. Jeden Tag kam er mit seiner Herde an einer Kapelle vorbei. Er ließ die Herde mit den Hunden draußen und ging hinein. Die Leute, die das beobachteten, fragten ihn, was er denn solange darin mache. Seine Antwort lautete: „Er schaut mich an – und ich schaue ihn an." – Ein wunderbares Bild für die Stille Zeit.
Gott sagte mir einmal in einem Traum: „Sei ein Sonnenkollektor." Wir befanden uns gerade auf einer Reise in Israel und hatten auf vielen Dächern solche Sonnenkollektoren gesehen. Sie sahen wie große Fensterscheiben aus, die schräg nach Süden zur Sonne gerichtet sind. So sollen auch wir uns einfach der Liebe Gottes hinhalten. Es geht nicht zuerst darum, etwas zu tun, es geht nicht zuerst um Aktivität, sondern darum, daß wir uns von

Gott ansehen und erwärmen lassen. Dann kommt der Kreislauf des kalten Wassers in Gang, erwärmt sich und gibt der Umgebung die Wärme weiter, die sie braucht.

Derselbe Freund, der die Geschichte vom Rosengarten erzählte, hatte einmal eine Vision von Gott: Er sah, wie auf der ganzen Welt Tausende von Menschen hochgehoben wurden. Erst dachte er, Gott zeige ihm die Entrückung. Doch Gott erklärte ihm, daß dies die Menschen seien, die Stille Zeit halten. In dem Augenblick, wo sie vor Gottes Angesicht kommen, werden sie hochgehoben zu Gott. Diese Zeit ist Gott ganz wichtig. Wir werden zu Jesus erhoben. Er ist Brot und Licht des Lebens. Einen so hohen Rang hat die Stille Zeit. In vielen Dingen ist sie eine Vorwegnahme dessen, was in der Ewigkeit sein wird.

Doch wie sieht nun die Praxis aus? Als ich mich bekehrte, wußte ich, daß ich nur wachsen und dabeibleiben kann, wenn ich Stille Zeit halte. Aber es war mir oft sehr mühsam. Es war wie eine Mauer, die ich durchbrechen mußte. Es ist der Teufel, der sich dem Gebet entgegenstellt. Er treibt uns zu viel Aktivität und Arbeit an, weil er uns hindern will, Gemeinschaft mit Jesus zu haben.

Als ich eines Tages einen Bibelleseplan mit Auslegungen in die Hände bekam, war mir das eine sehr große Hilfe. Ich hatte nun ein Geländer, an dem ich mich festhalten konnte. Und mit der Zeit „hörte" ich immer mehr aus der Bibel.

Es kann auch sehr hilfreich sein, wenn eine ganze Gruppe (also z. B. ein Hauskreis) demselben Bibelleseplan folgt. Jeder kann sich dann während der Woche zu Hause Notizen machen, was ihm am Wichtigsten war und durch welchen Satz ihn Gott gestärkt, korrigiert oder getröstet hat. Wenn man dann zusammenkommt, kann man darüber austauschen. Das motiviert zu neuer Stillen Zeit.

Es ist auch eine Hilfe, immer dieselbe Zeit zu wählen. Wir sollten Gott die beste Zeit geben, die wir haben. Einige wenige Menschen sind erst abends ganz wach. Für die meisten ist der Morgen die beste Zeit. Auf diese Weise können wir gereinigt und mit Weisung in den Tag gehen. Gott kann uns mit sich selbst anfüllen, und wir können den Menschen ganz anders begegnen. Bei einem Konzert stimmen die Musiker ihre Instrumente auch vorher und nicht erst nachher.

Viele sagen: Aber ich habe keine Zeit. Auch für dieses Problem ist es hilfreich, gleich morgens als erstes die Bibel zu lesen, weil sonst die Aufgaben des Tages eine nach der andern abrollen und keine Lücke dazwischen bleibt. Letztlich ist es keine Frage der Zeit. Wofür nehmen wir uns Zeit? Wir greifen schnell nach der Zeitung. Wir blättern Zeitschriften und Reklamen durch. Wieviel Zeit geht dabei drauf! Und erst das Fernsehen! Es

geht vielmehr um die Frage der Prioritäten. Was ist zuerst dran? Was ist mir das Wichtigste? Alles andere muß sich dem unterordnen. Gott kann uns zeigen, wann und wo wir regelmäßig Stille Zeit halten können.
Wir dürfen Gott auch um Disziplin bitten. Als wir einmal für eine Frau unseres Hauskreises beteten, die Schwierigkeiten mit der Stillen Zeit hatte, bekam jemand von Gott ein Bild für sie: Er sah, wie Gott dieser Frau eine Schublade reichte. Sie hatte ein großes Fach und zwei Reihen mit vielen kleinen Fächern. Gott gibt uns den Tag mit seiner Ordnung. Das große Fach ist unsere Zeit mit Gott, die Stille Zeit. Alles andere ordnet sich dem unter.
Und was ist mit dem Hören auf die Stimme Gottes? Ein guter Freund von uns, der schon lange Jesus nachfolgt, „hörte" immer so viel von Gott. Ich kam mir dagegen immer ganz klein und unfähig vor. Doch eines Tages machte mir Gott klar, daß dieses Hören gar nichts Kompliziertes ist. Auch ich erlebte immer wieder, daß mir irgendein Satz aus der Bibellese, manchmal auch nur ein Wort, wichtig wurde. So spricht Gott zu uns. Wir dürfen lernen, die Bibel so wie Kinder zu lesen. Dann schenkt uns Gott Worte, von denen wir leben. Dies ist nicht unbedingt jeden Tag so, aber immer wieder.
Derselbe Freund, von dem ich gerade sprach, hat schon große und tiefe Erfahrungen mit Gott gemacht. Doch er erzählte uns eines Tages, daß sein Leben letztlich nicht von diesen großen Erfahrungen verändert und geprägt worden ist, sondern von dem täglichen Hören, Lesen, Warten auf Gott, davon, daß man täglich ein Sonnenkollektor Gottes ist. So wächst durch viele Jahre der Treue ein Mann / eine Frau Gottes heran. Alles fängt klein an.
Ich habe gelernt, daß es wichtig ist, viel in der Bibel zu lesen. Man muß nicht alles behalten, was man gelesen hat. Vieles im Alten Testament verstehe ich auch nicht. Aber ich weiß, daß Gottes Wort mich stärkt und reinigt. Wissen wir am Abend eines Tages immer noch genau, was wir am Morgen gefrühstückt haben? Und trotzdem hat uns das Essen ernährt und gestärkt. Genauso ist es mit der Bibel. Lies, lies, lies! Es ernährt dich. Auch wenn du nicht alles behältst und verstehst. Einfach mit Treue dabeibleiben.
Es stand einmal ein Kind an einem Fluß und tauchte immer wieder ein Sieb ins Wasser. Da kam ein Erwachsener vorbei und fragte: „Was machst du denn da? So kannst Du doch nie Wasser schöpfen." Das Kind erwiderte: „Aber mein Sieb wird sauber!"
Wenn wir viel in der Bibel lesen, strömt Gottes Wort durch uns hindurch und reinigt uns. Wir werden sauber.
Letztlich geht es nicht darum, „was mir das bringt". Sondern es geht um

eine Liebesbeziehung. Deshalb höre ich auch nicht auf. Jesus wartet auf mich. IHM ist diese Zeit wichtig. Er hat alles aufgegeben, sein Vaterhaus, seine Herrlichkeit, seinen Reichtum und seine Macht, um Gemeinschaft mit mir zu haben, um eine Freundschaft, eine Liebesbeziehung zu pflegen, um mich zu beschenken. Es ist die einzige Liebesbeziehung auf der Welt, die nicht enttäuscht, nicht verletzt, nicht aufhört. Bei der Stillen Zeit geht es darum, Zeit mit Jesus zu verbringen, um ihn kennenzulernen, um immer mehr persönliche Erfahrungen mit ihm zu machen.

# STILLE ZEIT 2

## Erste Erfahrungen

**Vorbereitung:**
- Dank, den Heiligen Geist um Weisheit und Führung bitten, Fürbitte
- Wenn Kopiermöglichkeit vorhanden ist, für jeden ein Blatt „Eine Woche Stille Zeit"

Nach einer Lobpreiszeit oder am Ende: Füreinander beten und auf Erkenntnisse und Eindrücke des Heiligen Geistes warten.

Blatt von der Stillen Zeit mit den fünf Zeichnungen aufhängen.

**1. Austausch aus der Stillen Zeit.**
Jeder berichtet oder liest vor, was ihm während der letzten Woche am Wichtigsten war (jeder nur einen Tag).

**2. Gespräch über die Erfahrungen dieser Woche.**
(Dabei noch einmal den einen oder anderen Punkt aus dem Abschnitt „Im Rosengarten" in Erinnerung rufen.)

**3. Bibelstellen vorlesen,** eventuell von allen aufschlagen lassen:

| | |
|---|---|
| Markus 1,35: | „Am Morgen, schon vor Tage, stand Jesus auf und ging hinaus. Und er ging an einen einsamen Ort, um dort zu beten." |
| Jesaja 50,5: | „Jeden Morgen weckt er mir das Ohr, daß ich höre, wie Jünger hören." |
| Johannes 10,27: | Jesus sagt: „Meine Schafe hören meine Stimme und ich kenne sie und sie folgen mir." |
| Psalm 119,105: | „Dein Wort ist … ein Licht auf meinem Weg." |

Jeder nennt den Vers, der ihm besonders wichtig ist und sagt, warum er ihn gewählt hat.

**4.** Weitere Einübung in die Stille Zeit mit **Jeremia 17,5 bis 8** anhand der fünf Schritte. Einen Schritt nach dem andern gemeinsam durchgehen. Bei Punkt 3: Einige Minuten Zeit lassen zum Hören und Notizenmachen mit der Frage:

**?** „Was will mir Gott in diesem Abschnitt sagen?"
Der Reihe nach austauschen – ohne Diskussion.
Auch hier wieder die Regel: Jeder darf etwas sagen, keiner muß etwas sagen.

## 5. Vorlesen: „Erfahrungen einer vielbeschäftigten Hausfrau"
„Durch eine Freundin bin ich auf die „Edelsteine" aufmerksam geworden. Ich erschrak über die oft langen Textstellen. In meinem täglichen Vielerlei war nicht mehr viel Platz. Also bat ich Gott, mir mehr Zeit zu schenken und meine Hausarbeit und die übrigen Pflichten zu segnen.
Ich erlebte Wunderbares: Ich merkte, wie Christus mir Zeit und Geduld für sein Wort gibt. Lese ich meine Bibel am Morgen, dann bin ich mit meiner Arbeit (es ist kaum zu fassen) in der Hälfte der Zeit fertig. So bleiben mir weitere wertvolle Augenblicke der Ruhe zum Lesen, Beten oder Spazierengehen. Vernachlässige ich – aus welchen Gründen auch immer – meine Stille Zeit, geschieht Seltsames: Ich werde mit meiner Arbeit nicht fertig, bin unfähig, manches überhaupt anzufangen. Ich arbeite den ganzen Tag, aber nichts verändert sich.
Diese Erfahrung hat mich sehr reich gemacht. Ich erzähle jedem davon, der mir anvertraut, daß er nicht genügend Zeit hat, um Gottes Wort zu lesen und zu beten."

## 6. Erneute Ermunterung zur eigenen Stillen Zeit.
Auch beim nächsten Mal soll darüber berichtet werden.

Wenn Kopiermöglichkeit vorhanden, verteilt der Leiter weitere Blätter „Eine Woche Stille Zeit".
Sonst erneut auf die Möglichkeit hinweisen, ein Stille-Zeit-Heft zu führen oder einfach in der Bibel zu unterstreichen. Wieder auf den Bibelleseplan hinweisen.

Wenn der Leiter wieder allein ist: Dank und Fürbitte

# STILLE ZEIT 3

## Gottes gute Saat

**Vorbereitung:**
- Dank, den Heiligen Geist um Weisheit und Führung bitten, Fürbitte
- Ein großes Blatt mit 4 Abschnitten zu Lukas 8,5 bis 8 und 11 bis 15
- Ein großes Blatt mit 4 Punkten und Filzstift
- Bei Kopiermöglichkeit Stille-Zeit-Blätter kopieren

Nach einer Lobpreiszeit oder am Ende: Füreinander beten und auf Erkenntnisse und Eindrücke des Heiligen Geistes warten.

**1.** Wie beim letzten Mal verabredet wurde, soll am Anfang eine Erkenntnis oder Erfahrung der Stillen Zeit aus den vergangenen Tagen berichtet werden.

**2.** Wir stellen uns einen Bauern vor, der Weizen sät.

**?** **„Wie muß der Boden sein, damit die Körner aufgehen und dicke Ähren tragen?"**

**?** **„Welcher Boden verhindert eine gute Ernte?"**

**3.** Jesus stellt das in einem Gleichnis dar.
Lesen: **Lukas 8,5 bis 8 und 11 bis 15**
Erstes Blatt aufhängen.
Kurz erklären, daß der damalige Acker nicht besonders vorbereitet war.

**?** **„Was könnten diese Bodensorten bei mir sein?"**

Nach einer Bedenkzeit Stichworte eintragen.

1.) Harter Boden: (z. B. sich keine Zeit nehmen hinzuhören, die Bibel nicht aufschlagen …)
2.) Felsen (mit dünnem Erdreich): (z. B. „Steine" in meinem Leben: Bitterkeit, Schuld und Verletzungen …)
3.) Unkraut: (z. B. Zukunftsängste, Fernsehen, Illustrierte, Hobby …)
4.) Guter Boden: (z. B. Zeit zum Bibellesen und Beten, Gemeinschaft mit Christen, Dankbarkeit …)

**4.** Zweites Blatt aufhängen.

**?** „Was erkenne ich daraus für meine Stille Zeit?"

Nach einer Bedenkzeit Stichworte eintragen.

1.) Dafür will ich danken:
..........................................................................

2.) Das habe ich zu bekennen und zum Kreuz zu bringen:
..........................................................................

3.) Darauf will ich jetzt achten:
..........................................................................

4.) Das will ich von Jesus erbitten:
..........................................................................

Zu jedem Abschnitt beten. (Evtl. Kleingruppen von 2 oder 3)

**5. Vorlesen:**
**„Unter dem Schirm des Höchsten sitzen"**

Tim Ruthven (etwa 6 Minuten)

In Hebräer 11 wird von vielen Männern und Frauen berichtet, die im Glauben gelebt haben. Eine der kürzesten Lebensbeschreibungen, die ich entdeckte, war die eines Mannes mit Namen Henoch. Was Gott für diesen Mann tat, beeindruckte mich sehr. In der Bibel steht nicht viel über He-

noch, aber was über ihn gesagt wird, ist äußerst ungewöhnlich. Es wird berichtet, wie Gott eines Tages Henoch einfach zu sich holte. Henoch starb nicht. An einem Tag war er noch da; am nächsten Tag war er nicht mehr da.
In Hebräer 11 Vers 5 steht sogar, er wurde *„entrückt, damit er den Tod nicht sehen sollte."* Das begeisterte mich. Und da es nicht schwer war, Henochs Leben zu studieren, studierte ich es. Ich wünschte mir sehr, herauszufinden, warum er ein so unglaubliches Wunder erlebte.
Als ich nachlas, was über Henoch geschrieben stand, entdeckte ich die Worte: *„Vor seiner Entrückung wurde ihm bezeugt, daß er Gott gefiel"* (Hebräer 11,5). Ich konnte nirgendwo finden, daß Henoch für Gott ein Monument gebaut oder Wunder getan hätte, die uns überliefert wären. Was um alles in der Welt tat er, daß er gewürdigt wurde, mit den großen Männern und Frauen des Glaubens, die durch ihren Glauben Gott gefielen, zusammen aufgeführt zu werden? Es war nicht schwer, die Antwort auf diese Frage zu finden. In der Bibel steht ganz einfach: *„Er lebte mit Gott."* Nun, das konnte jeder, sogar ich. „Gott, wenn ich Dir dadurch gefallen kann, daß ich mit Dir lebe, dann will ich das tun." Tag um Tag wollte ich mit Gott leben.
Darum beschloß ich, nach dem Vorbild der Gottesmänner, jeden Tag Zeit alleine mit Gott zu verbringen, auf ihn zu warten und ihm Gelegenheit zu geben, durch sein Wort mit mir zu sprechen. Die einzige Zeit, die ich dazu finden konnte, war der frühe Morgen, bevor ich noch irgend etwas anderes tat. Einige Male versuchte ich, mir während des Tages Zeit für die Stille zu nehmen. Aber es gelang nicht, immer war etwas zu tun.
Jemand erzählte mir von einem großen Gottesmann, einem Musiker, der nach seinem Leben mit Gott gefragt wurde. Sein Gegenüber wollte wissen, wann er Zeit alleine mit Gott verbringt. „Am Anfang des Tages", war sein Antwort. „Warum?" wurde er weiter gefragt. „Hat es Sinn, ein Instrument zu stimmen, wenn das Konzert vorbei ist?" war seine Antwort. Ich beschloß, Gott zu suchen. Ich legte eine bestimmte Zeit fest. Es schien nicht angemessen, diese wichtige „Person" irgendwo in meinen Tagesablauf hineinzufügen. Darum setzte ich eine Zeit fest und ordnete meine täglichen Aufgaben um diese Zeit herum. Ich wußte, daß ich den Herrn mehr brauchte als Er mich. Der Glaube an Gott und sein Wort führten mich zu dem Entschluß, mich jeden Tag, mein Leben lang, diesem Ziel hinzugeben. Selbst wenn Gott mich nicht gebrauchen würde und ich in diesem Leben nichts für Gott vollbringen könnte, so wußte ich doch, daß ich Gott gefallen würde, weil ich Ihn kenne, mit Ihm lebe und Ihn suche. Dies war Henochs Lebenszeugnis. Weil er so lebte, gefiel er Gott.
Ich war erstaunt, wieviel Widerstand mein alter Mensch leistete, als ich

mich entschlossen hatte, regelmäßig Stille Zeit zu halten. Aber der Heilige Geist half mir, abends früh genug ins Bett zu gehen, so daß ich morgens wieder früh aufstehen konnte. Ich nahm keine Rücksicht auf meine Gefühle, die ich in diesen frühen Morgenstunden hatte - sonst hätte ich aufgegeben. Durch den Glauben hatte ich tief in mir das Zeugnis des Geistes, daß Gott gegenwärtig war. Durch den Glauben war Er jeden Morgen da, um mit mir zusammenzusein, egal was meine Gefühle sagten. Johannes nennt dies in seinem Evangelium „bleiben".
Ich entdeckte einen Psalm, der mir sehr wichtig wurde. Es war der Psalm 91. Er half mir, zu erkennen, was der Heilige Geist Tag um Tag in meinem Leben tat: Ich lernte, *„unter dem Schirm des Höchsten zu sitzen und unter dem Schatten des Allmächtigen zu bleiben".*
Lob und Ehre sei Gott! Diejenigen, die unter dem Schirm des Höchsten sitzen - die bei Gott wohnen, die bei Ihm einen Ort der Ruhe haben -, brauchen nichts zu fürchte!

**6.** Weitere Stille Zeit verabreden.
Wenn Kopiermöglichkeit vorhanden, neue Stille-Zeit-Blätter verteilen. Sonst erneut auf die Möglichkeit hinweisen, ein Stille-Zeit-Heft zu führen oder einfach in der Bibel (und den „Edelsteinen") zu unterstreichen. Wieder auf den Bibelleseplan hinweisen.

Wenn der Leiter wieder allein ist: Dank und Fürbitte

# VERGEBUNG 1

## Schuld und Vergebung

**Vorbereitung:**
- Dank, den Heiligen Geist um Weisheit und Führung bitten, Fürbitte
- Ein großes Blatt mit dem 1. Gebot
- 2 Blätter mit den Geboten
- 2 leere Blätter

Nach einer Lobpreiszeit oder am Ende: Füreinander beten und auf Erkenntnisse und Eindrücke des Heiligen Geistes warten.

**Einleitung:**
Der Leiter liest vor: **Johannes 16,27 und 1. Johannes 4,19**
Er hebt hervor, daß alles von der Liebe Gottes ausgeht und spricht dazu ein kurzes Gebet.

**1. Das erste Gebot**
Es geht darum, daß unser ganzes Leben eine Antwort wird auf die Liebe Gottes, und daß er der Mittelpunkt unseres Lebens wird und bleibt. Als Richtschnur hat er uns im AT die 10 Gebote gegeben.
Betrachten wir das erste als Voraussetzung für alle anderen.
Das Blatt aufhängen:

> „Ich bin der Herr, dein Gott,
> der dich aus Ägypten, aus der Sklaverei geführt hat.
> Du sollst keine andern Götter neben mir haben."
> 2. Mose 20,2 und 3

Für uns heißt „Ägypten" und „Sklaverei" unser altes Leben im Reich der Finsternis.

**?** „Was heißt das, wenn ich einen „Herrn" habe, der mein Gott ist?"

Antworten zusammentragen
Erinnert Euch an Eure Umkehr, an Euer Gebet:
„Ich übergebe Dir mein Leben" oder: „Ich nehme Dich als meinen Herrn an und unterstelle mich ganz Dir" oder: „Du sollst von jetzt an mein Leben regieren" oder: …

**?** „Was können „andere Götter" sein, die meine Zeit, mein Geld, und meine Interessen usw. beanspruchen und Gott in den Hintergrund drängen?"

Antworten lassen

## 2. Die Zehn Gebote

**?** „Welche der Zehn Gebote fallen Dir ein?"

Anschreiben und feststellen, ob es schon zehn sind.

Wenn dabei auch genannt wird: „Liebe deinen Nächsten wie dich selbst", kann man erklären, daß die zehn Gebote durch das „Doppelgebot der Liebe" zusammengefaßt werden (z. B. Lukas 10,27).

**2. Mose 20,1 bis 17** aufschlagen und das vorbereitete Blatt mit der Kurzfassung der Zehn Gebote aufhängen.

```
Liebe Gott!                  Liebe deinen Nächsten!
1. Ich bin der               5. ...Eltern..
   Herr, dein Gott           6. ...Leben..
2. ...Bild..                 7. - Ehe -
3. ...Name..                 8. -Eigentum-
4. ...Feiertag..             9. -guter Ruf-
                            10. --Habgier--
```

(Die kath. Kirche zählt die Gebote anders. Luther hat das übernommen. Wir bleiben bei der biblischen Zählung.)
Die Gebote 1 bis 4 beziehen sich auf Gott, 5 bis 10 auf den Menschen. Die Gebote 5 bis 9 kann man zusammenfassen mit der Frage: „Was schützt Gott mit diesen Geboten?"

**3. 2. Samuel 11** vorlesen

**?** „Welche der Zehn Gebote hat David übertreten?"
Achtung: Wer ein Gebot übertritt – gan gleich welches –, übertritt immer gleichzeitig auch das erste Gebot.

Die Gebote, die David übertritt, auf den Blättern ankreuzen.

> **Sünde ist:**
> **ICH**
> **TUE,**
> **WAS**
> **ICH**
> **WILL**

Sünde ist die tödliche Kluft, die den Menschen von Gott trennt.

**?** **4. „Wodurch bringt Gott Davids Leben auf den richtigen Weg zurück?"**

**2. Samuel 12,1 bis 14** vorlesen

Stichworte dazu anschreiben:

z. B.: Er wird gestellt; er spricht – unwissend – sein eigenes Urteil; Anklage; er bekennt seine Schuld; Zuspruch der Vergebung; Sühne durch „den Sohn" – im NT: Jesus!

Jede Schuld muß gesühnt werden. Gott hat dem Menschen seine Liebe zugewandt, nicht auf Grund von Leistungen und Fähigkeiten des Menschen. Der Mensch versucht vergeblich, durch Opfer oder „gute Taten" Schuld zu sühnen. Gott selbst hat die Konsequenzen der Schuld auf sich genommen, indem er an Jesus Christus das Todesurteil vollzog.
SCHULD verlangt SÜHNE.
Jesus Christus hat unsere Schuld gesühnt.
Für uns gilt jetzt: Schuld-Bekenntnis und Vergebung.

**5. 1. Johannes 1,9 und Sprüche 28,13**
aufschlagen lassen und evtl.
in verschiedenen Übersetzungen lesen.

**6. Vorlesen:**
**„Das Vaterherz Gottes"**

Floyd McClung (etwa 5 Minuten)

Es war das erste Mal, daß Sawat wagte, die Welt der Prostitution in Bangkok zu betreten. Es begann alles recht harmlos, aber bald war er selbst tief

darin verstrickt. Zuerst verkaufte er nur Opium an Kunden und machte den Touristen in den Hotels Angebote. Schließlich aber sank er so tief, daß er sich auf den Handel mit Mädchen einließ, von denen manche nur neun oder zehn Jahre alt waren. Es war ein schmutziges Geschäft, und er war bald einer der bedeutendsten jungen „Geschäftsmänner" darin.
Sawat war nach Bangkok gekommen, um der Stumpfsinnigkeit des Dorflebens zu entfliehen. Er fand ein aufregendes Leben und war bald beliebt, als er durch seine Geschäfte reich geworden war. Aber dann nahm alles eine rasche Wende. Ein Unglück kam zum anderen: Er wurde beraubt und dann auch noch verhaftet, als er versuchte, sich wieder hochzuarbeiten. Alles ging schief. In der Unterwelt verbreitete sich das Gerücht, er sei ein Polizeispitzel. Schließlich lebte er in einer Baracke auf dem städtischen Müllgelände.
In dieser Situation erinnerte er sich an seine Familie. Ihm fielen die Abschiedsworte wieder ein, die ihm sein Vater mitgegeben hatte. „Ich warte auf dich." Ob sein Vater, ein einfacher Christ in einem kleinen Dorf an der malayischen Grenze, immer noch auf ihn wartete - nach all dem, was er getan hatte? Würde er ihn wieder in sein Haus aufnehmen, nachdem er seine ganze christliche Erziehung über Bord geworfen hatte? Die Nachrichten über sein Leben in Bangkok waren schon längst in seinem Dorf bekannt und hatten der Familie dort Schande gebracht.
Schließlich entschloß er sich, einen Brief zu schreiben: „Lieber Vater, ich möchte nach Hause kommen, aber ich weiß nicht, ob Du mich nach all dem, was ich getan habe, noch aufnehmen wirst. Ich habe sehr schwer gesündigt. Vater, bitte vergib mir. Am Samstagabend werde ich in dem Zug sitzen, der durch unser Dorf fährt. Wenn Du immer noch auf mich wartest, hänge bitte ein Stück weißen Stoff an den Baum, der vor unserem Haus steht."
Während der Zugfahrt dachte er über sein vergangenes Leben nach. Er wußte, sein Vater konnte sich mit vollem Recht weigern ihn jemals wiederzusehen. Als der Zug sich schließlich dem Dorf näherte, war er voller Angst. Was sollte er tun, wenn kein weißes Stück Stoff am Baum hing? Schließlich konnte Sawat die Spannung nicht länger ertragen. Er schüttete einem Mitreisenden sein Herz aus und erzählte ihm die Geschichte. Als sie in das Dorf einfuhren, sagte er: „Mein Herr, ich kann einfach nicht hinschauen. Könnten Sie für mich Ausschau halten? Was soll ich tun, wenn mein Vater mich nicht in sein Haus aufnimmt?" Sawat vergrub sein Gesicht zwischen seinen Händen. „Können Sie es sehen? Es ist das einzige Haus mit einem Baum!" „Junger Mann, Ihr Vater hat nicht nur ein Stück Stoff aufgehängt, er hat den ganzen Baum mit weißen Stoffstücken behängt!" Sawat traute seinen Augen nicht. Dort stand der Baum, ganz in

Weiß gehüllt, und vor dem Haus tanzte sein Vater hin und her und schwenkte voller Freude ein Stück weißen Stoff! Dann rannte er neben dem Zug her und als dieser anhielt, lief er seinem Sohn mit ausgebreiteten Armen entgegen und umarmte ihn unter Freudentränen. „Ich habe auf dich gewartet!" rief er aus.
(Aus: „Das Vaterherz Gottes", Verlag Jugend mit einer Mission)

**7.** Nach einer Zeit der Stille: **Dankgebete** für Gottes Liebe.
(evtl. in Kleingruppen)

Wenn der Leiter wieder allein ist: Dank und Fürbitte

# VERGEBUNG 2

## Blockaden beseitigen: Beichte

Dies Kapitel aus dem Grundkurs (7. Der Heilige Geist 2) ist an dieser Stelle dran. Wenn es schon behandelt wurde, nur die wichtigsten Aussagen daraus noch einmal kurz wiederholen und dann mit „Vergebung 3" fortfahren.

# VERGEBUNG 3

## Freude über die Vergebung

**Vorbereitung:**
- Dank, den Heiligen Geist um Weisheit und Führung bitten, Fürbitte
- Für jeden Zettel und Stift

Nach einer Lobpreiszeit oder am Ende: Füreinander beten und auf Erkenntnisse und Eindrücke des Heiligen Geistes warten.

**? 1. „Wie kann man Freude über ein großes Geschenk ausdrücken?"**
Lockeres Anfangsgespräch

**? 2. „Wie hast Du schon mal geantwortet oder reagiert, als Dir vergeben wurde?"**
Zeit zum Nachdenken lassen. Es kann dabei um Vergebung durch Menschen oder durch Gott gehen. Erfahrungen mitteilen.

**3. Psalm 103,1 bis 5 und 8 bis 12** in zwei Übersetzungen lesen.
Den Abschnitt noch einmal alleine lesen lassen und Wichtiges unterstreichen.

**? „Welcher Vers ist Dir besonders wichtig und warum?"**
Reihum austauschen.
Dabei liest jeder seinen Vers vor, auch, wenn er mehrfach vorkommt.

**4. Vorlesen:** „Es ist so einfach"

**5. Dankbrief an Jesus**

Zettel und Stifte verteilen. Ermuntern, einen Dankbrief an Jesus zu schreiben – mit Anrede und Unterschrift. Dafür Zeit lassen.

**6.** Diese Briefe als eigene **Dankgebete** über die Vergebung vorlesen.

**7.** Als **Zusammenfassung** evtl. Römer 8,31 bis 34

**8. Dank- und Loblieder**

Wenn der Leiter wieder allein ist: Dank und Fürbitte

## „Es ist so einfach"

Dorothee Gleiss (etwa 3 Minuten)

Auch das kann in einer guten Ehe vorkommen: Ich war lieblos zu meinem Mann gewesen. Es tat mir allerdings hinterher sehr leid, und ich bat ihn und auch Jesus um Vergebung. Damit war alles aus der Welt geschafft und wieder gut.

Doch als ich abends im Bett lag, stieg es erneut in mir auf. Mein Mann schlief bereits in Frieden, aber ich konnte und konnte nicht einschlafen. Ich war so bekümmert über mich und wälzte mich und mein ganzes häßliches Verhalten ständig hin und her.

Aber plötzlich wurde mir bewußt, daß das vom Teufel war. Denn: Jesus hatte mir vergeben, weil ich ihm ja meine Schuld bekannt hatte. In der Bibel steht: „Wenn wir unsere Sünden bekennen, vergibt er uns" (1. Johannes 1,9). Es gab also keine Schuld mehr. Ich wurde neu schuldig, wenn ich das nicht glaubte, sondern an dem Vergangenen festhielt, das es ja nicht mehr gab. Jesus hatte es völlig ausgelöscht mit seinem Blut. Schon früher hatte er mir einmal in einem ähnlichen Zusammenhang klar gemacht: „Du bist jetzt eine Frau ohne Vergangenheit!"

So bat ich auch dafür um Vergebung, dankte Gott und jagte diese negativen, falschen Gedanken in Jesu Namen weg. Sofort hatte ich inneren Frieden und schlief ein. Danach hatte ich einen beeindruckend einfachen und klaren Traum: Ich ging zu einem großen Müllcontainer, um schmutzige Wäsche zum Waschen herauszuholen. Aber er war leer! Ein Müllauto war vorbeigekommen und hatte die Schmutzwäsche mitgenommen. Ich ging hinterher, um zu sehen, wo die Wäsche geblieben war und kam an eine sonnenbeschienene Wiese. Dort hing meine Wäsche – frisch gewaschen auf der Leine und wehte im Wind. Ich hatte noch nie so etwas Reines, Sauberes und Frisches gesehen. Sie leuchtete in fröhlichen Farben, in sonnigem Orange und warmem Gelb. Ich stand einfach nur da und freute mich, daß alles aufs Beste getan war.

Wie freundlich war doch der Heilige Geist, daß er mir die Vergebung in einem Traum noch einmal so schön und anschaulich bestätigt hat. Den ganzen Tag habe ich mich darüber gefreut.

# VERGEBUNG 4

## Wie der Herr euch vergeben hat, so vergebt auch ihr!"

**Vorbereitung:**
- Dank, den Heiligen Geist um Weisheit und Führung bitten, Fürbitte
- Eine Zeichnung
- Zettel und Stifte für jeden

Nach einer Lobpreiszeit oder am Ende: Füreinander beten und auf Erkenntnisse und Eindrücke des Heiligen Geistes warten.

**?** 1. „Wie verhalten sich Menschen, wenn jemand sie ärgert, sie kränkt oder ihnen Unrecht tut?"
Antworten im Gespräch zusammentragen.

2. **Kolosser 3,13** evtl. in verschiedenen Übersetzungen lesen. Kurze Zeit zum Nachdenken (evtl. Austausch).

**Matthäus 18,21-27** lesen (nicht weiterlesen!)
Lesezeichen reinlegen und die Bibel schließen.
Den Sachverhalt mit eigenen Worten noch einmal aussprechen lassen.

Zum Verständnis des Gleichnisses muß erklärt werden:
Für die Geldbeträge kann man 100 Millionen und beim nächsten Abschnitt 100 Mark einsetzen. Uns mag die Bestrafung sehr hart erscheinen. Aber Jesus nimmt seine Beispiele aus seiner Umgebung. (Nicht über die Art der Bestrafung damals diskutieren!) Jesus betont EINE Aussage, deshalb nimmt er auch nicht Stellung zu der Frage, wie denn der Knecht/Verwalter seine Schuld abarbeiten könnte.

**?** 3. „Wie verhält sich der König?"
Die besondere Aussage bei diesem Gleichnis ist zunächst die unbegreifliche Begnadigung und
völlige Aufhebung der Schuld durch den König.
Der Knecht darf seine Freiheit behalten, auch seine Frau und seine Kinder und sogar seinen
Arbeitsplatz und sein Einkommen.

**?** 4. „Wie fühlt sich der Verwalter wohl danach?"
„Was dachte er vielleicht?"

„Was tat er vielleicht anschließend?"
„Wie verhält er sich wohl in Zukunft?"

Dazu Vorschläge im Gespräch zusammentragen.

📖    **5. Weiterlesen Vers 28-30.**
    Dann Zeichnung aufhängen.

Eine Millionenschuld war ihm erlassen worden. Wie war es möglich, sich nun so zu verhalten?

**❓    6. „Was ist der eigentliche Fehler des Verwalters?"**

Die Antworten zusammentragen. Vor allem herausstellen, daß (1.) ihm offenbar die riesige Größe seiner Schuld nicht bewußt ist und seine Zahlungsunfähigkeit bis an sein Lebensende und (2.) daß er darum auch nicht über die unbegreifliche Güte des Königs staunt und voller Freude und von Herzen dankbar ist über die getilgte Schuld. Es hat sein HERZ nicht berührt und nicht verändert. Es bleibt hart, und so ist auch sein Verhalten hart und unbarmherzig.

📖    Weiterlesen **Vers 31-35**

7. Zeit lassen, daß jeder den ganzen Abschnitt (Vers 21 - 35) für sich selbst noch einmal liest und bedenkt.

**❓    „Was ist mir dabei wichtig geworden?"**
Austausch

## 8. „Liebt eure Feinde"

Dazu vorher erklären: Corrie ten Boom hat im Krieg nach der Besetzung Hollands durch die Deutschen Juden versteckt und kam deshalb mit ihrer Schwester in ein Frauenvernichtungslager. Die Schwester starb. Auch ihr alter Vater und weitere Verwandte kamen um. Corrie ten Boom überlebte. Die folgende Geschichte ereignete sich 1947 nach einem ihrer Vorträge in Deutschland, als sie einen ihrer Peiniger wiedersah.

**Vorlesen:**
**„Liebt eure Feinde!"**

Corrie ten Boom (etwa 7 Minuten)

In einer Kirche in München sah ich ihn: den kahlköpfigen schweren Mann im grauen Mantel, einen zerdrückten braunen Filzhut in den unruhigen Händen. Die Leute drängten aus dem Kellerraum, in dem ich gerade gesprochen hatte. Langsam bewegten sie sich an den Stuhlreihen entlang auf die Tür zu.

Gottes Vergebung war die Wahrheit, die Menschen in diesem ausgebombten Land am Dringendsten brauchten. Nun benutze ich in meinen Predigten häufig Bilder, um bestimmte Wahrheiten besser erklären zu können. Und weil die See in der Vorstellungswelt eines Holländers einen ganz beträchtlichen Raum einnimmt, hatte ich den Leuten gesagt, Sündenvergebung bedeutet, daß die Sünden ins Meer geworfen werden, und zwar dort, wo es am tiefsten sei. „Wenn wir unsere Sünden bekennen", sagte ich, „dann wirft sie Gott in die Tiefe des Meeres, und zwar endgültig. Und wenn ich auch in der Bibel keinen Anhaltspunkt dafür finde, glaube ich doch, daß Gott dort eine Boje hinsetzt, auf der steht: Fischen verboten."

Kein Lächeln antwortete mir. Ich blickte in ernste Gesichter, und ich fragte mich, ob sie den kleinen Scherz überhaupt verstanden hatten. 1947 wurde in Deutschland nach einer Predigt niemals eine Frage gestellt. Still standen die Leute auf, still hüllten sie sich in Mäntel und Tücher und verließen den Raum.

Und da sah ich ihn, wie er sich gegen den Strom der anderen durcharbeitete. Ich sah den Mantel und den braunen Hut, und im nächsten Augenblick verwandelte sich das Bild. Ich sah ihn wie damals im KZ: mit einer blauen Uniform und einem Käppi mit dem Totenkopf und den gekreuzten Knochen. Da stand ich wieder in dem großen Raum mit dem schmerzend hellen Licht; dem Haufen von Kleidern und Schuhen in der Mitte des Raumes. Die Scham, nackt an diesem Mann vorbeigehen zu müssen! Ich sah die gebrechliche Gestalt meiner Schwester vor mir; die Rippen zeichneten sich scharf ab; die Haut wie Pergament. Betsie, wie dünn bist du geworden!

Das war in Ravensbrück, und der Mann, der Mühe hatte, bis zu mir durchzudringen, war Wärter gewesen – einer der grausamsten Wärter im Lager. Nun stand er vor mir mit ausgestreckter Hand. „Eine gute Botschaft, Fräulein!" sagte er. „Wie gut ist es doch, daß, wie Sie sagen, alle unsere Sünden auf dem Grund des Meeres liegen!"
Und ich, die so eindrücklich über Vergebung gesprochen hatte, machte mir an meinen Notizen zu schaffen, um seine Hand nicht nehmen zu müssen. Er würde sich an mich nicht erinnern, natürlich nicht; wie hätte er sich an eine Gefangene unter den Tausenden von Frauen erinnern können? Aber ich erinnerte mich an ihn und an die Lederpeitsche, die in seinem Gürtel steckte. Ich stand vor meinem Peiniger, vor meinem Sklavenhalter. Mein Blut gefror.
„Sie erwähnten Ravensbrück in Ihrer Predigt", sagte er. „Ich war Wärter dort."
Nein, er erkannte mich nicht.
„Aber das ist vorbei", fuhr er fort. „Ich bin Christ geworden. Ich weiß, daß Gott mir alle Grausamkeiten, die ich dort getan habe, vergeben hat. Aber ich möchte es auch noch aus Ihrem Mund hören. Fräulein" (wieder streckte er mir seine Hand entgegen) „können Sie mir vergeben?" Da stand ich nun – ich, der Sünden wieder und wieder vergeben wurden – und konnte es nicht! Betsie war dort gestorben – konnte er ihren langsamen, schrecklichen Tod ausradieren – einfach mit dieser Bitte?
Es können nur ein paar Sekunden gewesen sein, daß er dastand mit seiner ausgestreckten Hand, aber für mich waren es Stunden, denn ich mußte mit der schwierigsten Sache fertig werden, mit der ich es je zu tun gehabt hatte.
Denn ich mußte es tun. Ich wußte das. Die Botschaft von der Vergebung Gottes hat eine entscheidende Voraussetzung: daß wir denen vergeben, die an uns schuldig geworden sind. „Wenn ihr den Menschen ihre Übertretungen nicht vergebt", sagt Jesus, „wird auch der Vater im Himmel euch eure Übertretungen nicht vergeben."
Das wußte ich – nicht nur als Gebot Gottes, sondern auch aus täglicher Erfahrung. Seit dem Ende des Krieges unterhielt ich in Bloemendaal das Heim für Opfer des Naziregimes, und gerade dort konnte ich es doch mit Händen greifen: Nur die, die ihren früheren Feinden vergeben konnten, waren in der Lage, zurückzufinden und neu anzufangen, ganz gleich, in welchem körperlichen Zustand sie sich befanden. Wer seine Bitterkeit pflegte, blieb Invalide. Das war ebenso einfach wie schrecklich.
Und ich stand da mit meinem kalten Herzen. Aber Vergebung ist kein Gefühl – das wußte ich auch. Vergebung ist ein Akt des Willens, und der Wille kann ohne Rücksicht auf die Temperatur des Herzens handeln.

„Jesus, hilf mir", betete ich leise. „Ich kann meine Hand heben. Das wenigstens kann ich tun. Das Gefühl mußt du dazu tun."
Hölzern, mechanisch legte ich meine Hand in die ausgestreckte Hand des Mannes. Als ich es tat, geschah etwas Unglaubliches. Die Bewegung entstand in meiner Schulter, sie strömte in meinen Arm und sprang in die umschlossene Hand. Und dann schien diese heilende Wärme mein ganzes Sein zu durchfluten. Tränen kamen mir in die Augen.
„Ich vergebe dir, Bruder", weinte ich. „Von ganzem Herzen." Einen Augenblick lang hielten wir uns die Hände, der frühere Wärter und die frühere Gefangene. Ich hatte Gottes Liebe noch nie so intensiv erlebt wie in diesem Augenblick. Aber mir war auch klar, daß es nicht meine Liebe war. Es war die Kraft des Heiligen Geistes, von dem es in Römer 5,5 heißt: „... weil die Liebe Gottes ausgegossen ist in unsere Herzen durch den Heiligen Geist, der uns gegeben ist."
(Aus: „Mit Gott durch dick und dünn", Brockhaus Verlag, Wuppertal)

Danach eine Zeit der Stille lassen.
Einen wichtigen Gedanken noch einmal unterstreichen:
Gehorsam Jesus Christus gegenüber unterscheidet sich von der Meinung der Welt, die sagt: „Das ist nicht ehrlich, wenn es nicht von Herzen kommt, und deshalb tue ich es auch nicht." Gehorsam heißt aber, daß ich es tue und gleichzeitig erwarte, daß Jesus Christus das Wunder der Vergebung vollzieht.

Von Corrie ten Boom wiederholen: „Ich stand da mit meinem kalten Herzen. Vergebung ist kein Gefühl – das wußte ich auch. Vergebung ist ein Akt des Willens, und der Wille kann ohne Rücksicht auf die Temperatur des Herzens handeln (= gehorchen)."

**9. Zusammenfassung: Kolosser 3,13** noch einmal vorlesen.

Aufgabe (Zettel und Stifte verteilen) Täglich beten:
„Jesus, zeige mir, wem ich noch zu vergeben habe!"
Diese Bitte auf einen Zettel schreiben und in die Bibel legen. Auf die Rückseite die Personen
schreiben, die einem einfallen.
Beim nächsten Mal soll besprochen werden, wie man vergeben kann.

Wenn der Leiter wieder allein ist: Dank und Fürbitte

# VERGEBUNG 5

## Dreifache Vergebung

**Vorbereitung:**
- Dank, den Heiligen Geist um Weisheit und Führung bitten, Fürbitte
- Ein Krug
- Steine
- 6 bis 8 Becher
- Ein Holzkreuz (oder ein Blatt mit einem Kreuz)
- Bei Kopiermöglichkeit: „Das dreifache Vergebungs-Gebet" vervielfältigen (für jeden zwei Exemplare)
- Wenn keine Kopiermöglichkeit vorhanden ist, ein Blatt mit Kurzform des dreifachen Gebetes vorbereiten
- Zwei Blätter mit den Überschriften
- Filzschreiber
- Zettel und Stifte für jeden

(Zur Vertiefung des Themas „Vergeben" empfehlen wir sehr für jeden im Hauskreis das Heft von John Arnott „Von der Wichtigkeit der Vergebung", ASAPH-Verlag)

Nach einer Lobpreiszeit oder am Ende: Füreinander beten und auf Erkenntnisse und Eindrücke des Heiligen Geistes warten.

**1. Römer 5,5b** lesen.

Zettel und Stifte verteilen. Zeit lassen, über diesen Vers nachzudenken und ihn mit eigenen Worten zu umschreiben (mit ICH, nicht mit „wir" oder „man"). Ermutigen vorzulesen. Alles ist richtig und wird akzeptiert.

Einen Krug in die Mitte stellen.
Jeder von uns ist wie solch ein Krug.

**? 2. „An wen sollen wir Liebe weitergeben?"**
Antworten zusammentragen
6 bis 8 Becher um den Krug herumstellen als Hinweis für: Eltern, Ehepartner, Kinder, Schwiegereltern, Nachbarn, Chef, Kollegen …

**3.** Das erste Blatt mit der Überschrift aufhängen:

> Verletzungen:
> Die Schuld des anderen
>
> ..........................................

Wir wollen zwar Liebe weitergeben, aber das ist gar nicht so einfach, denn andere verletzen uns.

**?** „**Was können das für Verletzungen sein?**"

Beispiele nennen lassen und anschreiben.
Das zweite Blatt daneben hängen:

> Reaktionen:
> Meine Schuld
>
> ..........................................

**?** „**Wie reagieren wir auf solche Verletzungen?**"

Unsere Reaktionen nennen lassen und anschreiben.

z. B. können die Blätter nachher so aussehen:

| **Verletzungen:** **Die Schuld des anderen** | **Reaktionen:** **Meine Schuld** |
|---|---|
| Mutter oder Vater: verbietet, erlaubt nicht, | Zorn |
| kritisiert, schimpft, schlägt | Rebellion |
| Ehemann: kommt zu spät zum Essen, kümmert sich nicht um die Kinder, trinkt, hat andere Frauen | Widerstand Vorwürfe, Groll, Haß  Resignation |

Ehefrau:
unordentlich, kritisiert, „pingelig", verschläft, verschwenderisch, unzufrieden, zänkisch

Hoffnungslosigkeit
Selbstmitleid
Agression
Rückzug

Kinder:
frech, ungehorsam, aggressiv

Enttäuschung, Härte

Chef:
genehmigt Urlaub nicht, weist ungerechtfertigt zurecht, schikaniert

Ärger, Bitterkeit
Ablehnung
Wut, Rachegedanken

Angestellter:
kommt oft zu spät
unzuverlässig, unehrlich

Verachtung
vermehrter Druck

Für jede Reaktion einen Stein in den Krug legen. (Wenn nicht genügend Verletzungen und Reaktionen genannt werden, kann der Leiter die Stichwortsammlung ergänzen.)

**4. „Die Liebe Gottes ist ausgegossen in unsere Herzen durch den Heiligen Geist, der uns gegeben ist." (Römer 5,5)**
Den Krug mit Wasser füllen.
„Das ist die Liebe Gottes, die er in uns hineingießt. Nun sollen wir diese Liebe andern weitergeben."
Dann das Wasser aus dem Krug in die Becher gießen.

Anschließend auf den Zettel schreiben:

„Weil in meinem Herzen so viel Steine (negative Gefühle) sind ..."
Jeder schreibt diesen Satz zu Ende. Dann werden die Sätze vorgelesen, auch wenn sie sich wiederholen.
Der Leiter kann ergänzen (evtl.vorlesen) :
Wenn das Gefäß voll ist, ist der Mensch ungenießbar. Er hat immer weniger Wasser (Liebe) zu geben. Er will nur nehmen, aber weil so wenig hinein paßt, bleibt er durstig nach Liebe Er kann nur das weitergeben, was in ihm ist – obwohl er es anders möchte, z. B. Aggression, Anklage, Bitterkeit ... (s.o.). Er „wirft mit Steinen".

„Wovon das Herz voll ist, davon fließt der Mund über." (Matthäus 12,34)

**5. Vorlesen:** „Zweiundvierzig Jahre Haß"

**?** „Wie kann das Gefäß von Steinen leer werden?"

**Matthäus 6, 12 und 14 und 15** lesen
Antworten zusammentragen

Wie kann man das praktisch vollziehen? Der Leiter gibt jedem „Das dreifache Vergebungs-Gebet" und erklärt es. Die Reihenfolge ist hilfreich. Jesus betete am Kreuz: „Vater, vergib ihnen" (Lukas 23,34). Wenn ich Jesus um den ersten Schritt bitte, brauche ich ihm nur noch zu folgen.
(Wenn das Gebet nicht kopiert werden konnte, ein Blatt mit den drei Punkten aufhängen und abschreiben lassen.)

Der Leiter bittet in einem kurzen **Gebet** um die Führung des Heiligen Geist.
Zeit zum Ausfüllen lassen.
Danach kann das Gebet laut gebetet werden.
Der Leiter beginnt.

ACHTUNG: Die konkrete Schuld des anderen darf NICHT AUSGESPROCHEN werden, um keinen bloßzustellen!

1.) „Jesus, vergib DU bitte (Name) … (keine Einzelheiten nennen!)
2.) Jesus, in Deinem Namen vergebe ICH (Name) …
   (keine Einzelheiten nennen!)
3.) Jesus, bitte vergib mir, daß ich … (die eigenen negativen Reaktionen konkret nennen) … Amen."
**Der Leiter:** „Wenn wir unsre Sünden bekennen, ist Gott treu und gerecht daß er uns die Sünden vergibt und uns von jedem Unrecht reinigt." (1. Johannes 1,9)
Er dankt für die Vergebung und bittet um neue Erfüllung mit dem Heiligen Geist.

Ein Holzkreuz neben den Krug stellen (oder ein Blatt Papier daneben legen, auf dem ein großes Kreuz aufgemalt ist).
„Es gibt für meine Schuld – meine negativen Reaktionen – nur einen Abladeplatz: Das Kreuz."
Die Zettel klein reißen und unter das Kreuz legen.

Die Steine aus dem Krug herausnehmen und auf die zerissenen Zettel legen. Dabei werden noch einmal die „Namen" der Steine genannt.

**Römer 5,5b** erneut vorlesen.
Dann den Krug füllen und mit ihm die Becher. Den Krug wieder füllen, weil Gottes Liebe ständig nachströmt.

**„Hausaufgabe":**
Jeder erhält einen neuen Vergebungs-Zettel.
Dieses Gebet während der Woche immer wieder anwenden.
Die Erfahrungen bei der nächsten Zusammenkunft berichten.
Bei jeder Verletzung und Kränkung beten.

---

**Das dreifache VERGEBUNGS-GEBET**

1. „Jesus, VERGIB DU bitte meinem
   (meiner) ................................................................,

   daß er (sie)................................................................

2. Jesus, in deinem Namen VERGEBE ICH jetzt meinem

   (meiner) ................................................................

3. Jesus, ich bekenne dir meine Schuld, meine Reaktionen,
   meine bösen Gefühle und Gedanken (z. B. Groll, Bitterkeit,
   Verachtung, Selbstmitleid …):

   (konkret aufschreiben) ................................................

Bitte VERGIB MIR
und heile jetzt meine Verletzungen. Amen."

---

**„Zweiundvierzig Jahre Haß"**

Günter Bertram (etwa 7 Minuten)

Mit fünf Jahren habe ich meine Mutter verloren. Ich habe sie kaum gekannt. Mein Vater hatte ein Baugeschäft. Er war fast nie zu Hause. Ohne meine Mutter hatte er es sehr schwer mit uns Kindern. Ich hatte noch vier ältere Geschwister. Eine Schwester war bettlägerig – mit Muskelschwund. Sie mußte rund um die Uhr versorgt werden. Zwei waren in der Lehre und kamen allein zurecht. Ich hatte immer das Bedürfnis, eine Mutter zu haben.

Als ich 8 Jahre alt war, heiratete mein Vater wieder. Am Hochzeitstag habe ich Mutter gesagt. Aber wir hatten nur eine Stiefmutter. Diese Frau hat meinen Vater geheiratet, aber nicht uns Kinder. Sie hatte mit uns Kindern nichts am Hut, weder mit den älteren, noch mit mir als Jüngstem.

Als sie in unser Haus kam, da kam der Horror ins Haus. Da mein Vater ja nur am Wochenende zu Hause war, konnte er sich nicht so um die Familie kümmern, wie er es gerne getan hätte. Die Frau hat alles an uns Kindern ausgelassen, zu 99 % an mir. Ich war ein kleiner Junge und konnte mich nicht wehren. Es war so schlimm mit Schlägen und Tritten, daß ich oft nicht mehr gehen und mich nicht bewegen konnte. Ich hab mich nie getraut, meinem Vater was zu sagen, weil ich ja wußte, er fährt montags wieder weg.

Das Essen war für mich dementsprechend. Aber mein Stiefbruder – sie hatte mit meinem Vater einen Sohn bekommen – wurde behandelt wie ein absoluter Prinz. Was er wollte, bekam er auch. Und wenn ich was geschenkt bekam, dann bekam das der Lothar.

Was ich da empfand, war Furcht und Angst. Und in diesem Alter fing der Haß an. Ich haßte diese Frau immer mehr.

Als ich 13 war, starb mein Vater. Ich ging noch zur Schule. Meine Stiefmutter blieb noch ein paar Monate bei uns. Dann zog sie in ihren Heimatort zurück. Laut Testament durfte sie unser ganzes Haus ausräumen. Das tat sie dann auch. So haben wir dagestanden: Wir hatten weder einen Stuhl noch sonst was. Weder was zu essen, noch eine Tasse, nichts mehr hatten wir. Wir hatten uns noch zwei alte Eisenbetten aus der Scheune gerettet. Ich sollte in ein Heim. Aber meine ältere Schwester gab ihre Stellung auf und kam nach Hause zu meinem Bruder und mir. Die Frau ist nicht davor zurückgeschreckt, zehn Mark Miete von mir zu verlangen, das war damals viel Geld. Sie hat mit Gericht gedroht. Ich hatte weder was Richtiges zu wohnen, noch zu essen und sollte zehn Mark zahlen. Also, das war nun wirklich der Gipfel.

Dank guter Nachbarn haben wir überlebt. Sie haben uns zu essen gebracht. Alles, was man zum Leben braucht, haben sie uns gegeben. Die haben nicht gefragt, kannst du bezahlen oder nicht. Wir wären wahrscheinlich sonst verhungert oder hätten stehlen müssen.

Daß ich diese Frau so haßte – das ging 42 Jahre lang. Ich hab nie mit ihr geredet. Ich haßte diese Frau so sehr, wie man nur einen Menschen hassen kann. Ich hatte Mordgedanken gegen diese Frau. Jahrelang habe ich mir überlegt, wie ich sie umbringe, daß es nicht auffällt, daß es nicht herauskommt. Es sollte ja der perfekte Mord sein.

Daß ich nicht zum Mörder wurde, kann ich nur unserm Herrn Jesus Christus verdanken. Er hat mich davor bewahrt.
Daß das ein Ende bekam, verdanke ich einem „Grundkurs des Glaubens", zu dem mich Freunde eingeladen haben. Gott wollte mein Leben total ändern.
Ich mußte hören, daß nicht nur diese Frau im Unrecht war, sondern daß auch ich Unrecht hatte. An einem Abend wurde über Vergebung gesprochen, und ich war hin und her gerissen. Ich wußte nicht mehr, was ich machen sollte. Also: Ich haßte abgrundtief einen Menschen, dem unser Herr vielleicht schon längst vergeben hatte. Ich hatte mich praktisch über unsern Herrn gestellt und hatte mir angemaßt, nicht zu vergeben. Und ich merkte auch, daß ich mich nicht einfach ändern konnte. Dann wurde mir geraten, zu einem bekannten Pastor zu gehen. Und da bin ich dann hingefahren. Ich war in großer Unruhe. Will der Herrgott überhaupt, daß ich dieser Frau vergebe? Da haben wir gesprochen und gebetet. Und dann war mir ganz klar: Mein Haß war eine dicke Schuld, und ich mußte erst mal für mich selbst um Vergebung bitten. Und dann hab ich gebetet, daß Gott mir hilft, dieser Frau zu vergeben. Und der Pastor hat mir dann gesagt, daß ich das sogar auf einen Zettel aufschreibe. Und dann hab ich den Zettel zerrissen als Zeichen dafür, daß Jesus meine und ihre Schuld zerrissen hat. Und dann kam da ein Gefühl des Glücks über mich. Ich kann nur jedem wünschen, daß er diese Erfahrung auch macht. Das war so, als wenn ich eine Jacke, die mir 42 Jahre zu eng war, endlich ausgezogen hätte. Ich war frei.
Als ich aus dem Haus ging, war bei mir wirklich kein Funke Haß mehr. Jesus hat mir die Kraft gegeben, dieser Frau vollkommen zu verzeihen. Jesus hat mich über meinen Schatten springen lassen. Von dem Haß war nichts mehr da!
Wie es sich dann ergab: 14 Tage später war ich auf einer Hochzeit, wo meine Stiefmutter auch war. Ich dachte: jetzt wird es sich ja zeigen. In dem Saal trafen wir uns. Ich hab ihr guten Tag gesagt, ich hab mit ihr geredet, als wenn nie etwas gewesen wäre. Und ich hatte kein Haßgefühl mehr. Die Leute, die mich kannten, unsere Bekannten und Verwandten, die haben geguckt! Ich glaube, die haben gedacht, ich wär vom andern Stern. Die konnten das nicht begreifen. Die Frau hat bei mir am Tisch gesessen, und wir haben uns unterhalten, als wenn nie etwas gewesen wäre. Ein Erlebnis, das ich nicht beschreiben kann.
Für den Menschen ist das nicht möglich, solche Barrikaden zu überspringen. Das geht nur mit der Hilfe Gottes. Ich kann immer nur danken. Seitdem läuft mein Leben völlig anders.

# VERGEBUNG 6

## Vergeben und Innere Heilung

**Vorbereitung:**
- Dank, den Heiligen Geist um Weisheit und Führung bitten, Fürbitte
- Blatt mit Psalm 147,3
- Drei Blätter mit Überschriften
- Wenn Kopiermöglichkeit vorhanden ist, das Heilungsgebet kopieren
- Filzschreiber
- Ein Päckchen Papiertaschentücher

Nach einer Lobpreiszeit oder am Ende: Füreinander beten und auf Erkenntnisse und Eindrücke des Heiligen Geistes warten.
**Erfahrungen** mit dem Vergeben austauschen.

## 1. Einleitung

Wenn ein Mensch ein Auto besitzt, das mit der Zeit anfängt Schwierigkeiten zu machen und immer unzuverlässiger wird, und wenn er nicht weiß, daß es Autowerkstätten gibt, und wenn er selbst nichts von Reparaturen versteht – was würde er tun? Er würde sich damit abfinden und sehen, daß er irgendwie weiterkommt.

Ein Mensch, der z. B. als Kind abgelehnt wurde, der im Laufe seines Lebens weitere Verletzungen und Kränkungen erfahren hat, wird in seinem Verhalten dadurch bestimmt sein. Wenn er nicht weiß, daß es jemanden gibt, der diese Verletzungen heilen kann, dann wird er versuchen, so gut es eben geht, damit zurecht zu kommen und irgendwie weiterzuleben. Wir aber kennen den, der solche Verletzungen heilt.

**Psalm 147,3** aufhängen, damit er ständig vor Augen bleibt und gemeinsam laut lesen.

> „Er heilt die zerbrochenen Herzen
> und verbindet ihre Wunden."
> Psalm 147,3

Jeder Mensch trägt tief verborgen – oft ins Unterbewußte seines Lebens verdrängt – negative Erlebnisse, schmerzliche Erinnerungen und unerfüllte Wünsche mit sich herum.

## 2. Wodurch können Menschen gekränkt oder verletzt werden?

### Drei Beispiele vorlesen

(etwa 3 Minuten)

„Mein Bruder Robert, noch kaum dem Säuglingsalter entwachsen, war in meine Puppenstube gekrabbelt, wo er alles durcheinander geworfen hatte. Aber nicht nur das: Fasziniert von den Puppenaugen, die sich beim Aufsetzen und Hinlegen öffneten und schlossen, hatte er mit seinem entdeckungslustigen Zeigefinger die Puppenaugen weit in den Puppenkopf hineingedrückt. Als mich blicklose Augenhöhlen anstarrten, wurde ich so wütend, daß unsere Mutter mich davon abhalten mußte, mich mit den Fäusten auf meinen kleinen Bruder zu stürzen."
(Aus: Catherine Marshall, Schritt für Schritt, Verlag F. Bahn, Konstanz, S. 54)

Behindert
Unsere Freundin – über 50 Jahre alt – war durch Kinderlähmung behindert. Einmal zeigte sie uns Fotos aus ihrer Kindheit. Bei einem Bild wurde sie ganz erregt. Sie zeigte auf die Metall-Stützen an ihren Beinen und sagte mit Tränen in den Augen: „Wie hab' ich diese Schienen gehaßt!" Der Zorn gegen diese „Marterwerkzeuge" war noch genauso heftig, als wenn man sie ihr heute angelegt hätte. Damals war sie 5 Jahre alt.
Es stimmt nicht, daß die Zeit Wunden heilt.

Ablehnung
„Nancy wurde ständig gescholten, weil sie „unbeholfen" und „schwerfällig" sei. Beim Einkaufsbummel wurde sie oft gestichelt, um sie zur Gewichtsabnahme zu motivieren. „Die wirklich hübschen Kleider sind alle zwei Nummern zu klein für dich. Sie passen deiner Schwester", hänselte ihre Mutter. Schließlich wurde Nancy zu einer strengen Diät gezwungen, damit sie von ihrer körperlichen Erscheinung her für andere vorzeigbar würde.
Nancy gab sich große Mühe, ihre Diät einzuhalten und genau das zu sein, was ihre Mutter sich wünschte. Doch mehr und mehr gewöhnten sich Nancys Mutter und Schwester an, sie zu Hause zu lassen, wenn sie zu gesellschaftlichen Ereignissen gingen.
Eines Tages sagte die Mutter zu ihr: „Du möchtest doch nicht in Verlegenheit kommen wegen deines Aussehens mit den ganzen andern Kindern umher."
(Aus: Smalley/Trent, „Bitte, segne mich!", Verlag der Francke-Buchhandlung, Marburg, S. 10)

**3.** Die Frage wiederholen

**?** „**Wodurch können Menschen gekränkt oder verletzt werden?**"

Drei große Blätter mit Gliederungsüberschriften aufhängen

Stichworte sammeln
und in die verschiedenen Abschnitte eintragen.

---

1. Vor der Geburt und im Kleinkindalter

2. Schulzeit

---

3. Ausbildung

4. Beruf

---

5. Beziehungen: Freundschaft, Liebe, Ehe, Familie, Kinder, Geschwister

6. Verletzungen durch besondere Situationen, unerfüllte Wünsche

---

Jesus ist gekommen, um für unsere Schuld zu büßen, um uns zu vergeben und um uns zu heilen.

**4. Lukas 4,14 bis 21 lesen.**

Diese Verheißungen sind durch Jesus erfüllt. Er sagt das ausdrücklich. (Erklärung: „ledig" – in der Lutherübersetzung – bedeutet hier: von Bindungen und Fesseln befreit.)

Unterstreicht die Worte, die die **Lasten und Verletzungen** der Menschen betreffen. Und dann – möglichst mit einer anderen Farbe – die **Verheißungen** für die Belasteten.

Jemanden bitten, die zuerst unterstrichenen Begriffe vorzulesen, einen anderen die Verheißungen.

**?** „Welche Aussage ist Euch besonders wichtig und warum?"
Nach einer Zeit der Stille im Gespräch zusammentragen.

Der Leiter ermutigt, Verletzungen von Jesus aufdecken zu lassen und sie ihm zur Heilung zu übergeben.
Dazu dieses Zeugnis vorlesen:

„**Rückenschmerzen**"

(etwa 3 Minuten)

Eine junge Frau hatte starke Rückenschmerzen und alle ärztlichen Versuche zu helfen, waren vergeblich geblieben. Es drohte sogar, daß sie deswegen einen anderen Beruf ergreifen müßte. Der Hauskreis, zu dem sie gehörte, wollte nach Jakobus 5 mit Krankensalbung für sie beten.
Der Leiter stellte vorher noch eine Frage: „Gibt es irgendeinen Menschen, gegen den Du Groll und Bitterkeit im Herzen hast?"
Sofort kam die Antwort: „Ja, gegen meinen Vetter. Er hat sich vor Jahren einen hohen Geldbetrag bei mir geliehen. Ich gab ihm meine ganzen Ersparnisse. Aber er hat bis heute sein Versprechen nicht gehalten, das Geld zurückzuzahlen, obwohl er nicht in Armut lebt, sondern ein flottes Leben führt. Immer wenn ich an ihn denke, geht es mir wie ein Stich durch den Körper und das Blut steigt mir in den Kopf."
Sie war aufs Tiefste verletzt, aber sie war jetzt bereit zu vergeben und tat das vor allen im Gebet. Sie bat auch für sich selbst um Vergebung für ihren Groll und ihre Bitterkeit. Danach beteten die andern für ihren Rücken und baten auch, daß Jesus diese Kränkung heilen sollte. Es trat nicht unmittelbar eine Veränderung der Schmerzen ein.
Später berichtete sie, daß sie zwar an der Vergebung gegenüber dem Vetter festhielt, daß sie aber das Geld noch nicht wirklich loslassen konnte. Sie kämpfte im Gebet, bis sie es Jesus ganz abgegeben hatte. Danach war sie frei, es irgendwann oder nie mehr zurückzubekommen. Sie sagte, daß sie jetzt mit Liebe an ihren Vetter denken und für ihn beten kann und daß alle negativen Gefühle verschwunden sind – und auch die Schmerzen im Rücken.

**5. Vergeben und um Innere Heilung bitten.**

Eine wichtige Voraussetzung für innere Heilung ist, daß wir selbst vergeben. Wenn wir nicht vergeben, ist das vergleichbar mit einer Wunde, in der ein schmutziger Splitter steckt, der die Heilung verhindert. Erst muß die Wunde davon gereinigt werden, ehe sie heilt und keine Schmerzen mehr verursacht.

Wir bitten Jesus um ein doppeltes Wunder:
Daß wir bereit sind, auch schlimme Verletzungen zu vergeben. Er wird uns dazu die Kraft geben.
Und daß er sogar solche Dinge in unserem Leben heilt, die uns vielleicht Jahrzehnte belastet, gequält und unser Verhalten beeinflußt haben.
(Wenn die Möglichkeit besteht, das folgende Gebet zu kopieren, empfehlen wir, es erst am Schluß auszuhändigen. Es ist hilfreicher, zunächst nur zuzuhören und mitzubeten und nicht gleichzeitig mitzulesen.)
Der Leiter kann erklären:
Ich bete jetzt für innere Heilung und Vergebung. Ich lade Euch ein, im Stillen mitzubeten. In der Pause nach jedem Abschnitt kann der Heilige Geist Euch an das erinnern, was Ihr noch unvergeben und ungeheilt in Euch tragt. Ihr dürft es jetzt bei Jesus abgeben.
(Ermuntern, sich ganz entspannt hinzusetzen und die Augen zu schließen. Tränen sollen nicht unterdrückt werden. Der Leiter legt die Taschentücher auf den Tisch. Langsam lesen und lange Pausen lassen.)

> Gebet um Innere Heilung
> Mein Herr und mein Gott! Ich komme zu Dir im Namen Jesu.
> Ich danke Dir, daß Du mich geschaffen hast.
> Es war Dein guter Plan.
> Ich danke Dir, daß Du mich unendlich liebst. Deine Liebe zu mir ist unbegreiflich groß.
> Du wünschst mehr als ich selbst, daß ich an Leib, Seele und Geist heil und gesund bin. Ich vertraue Dir, daß Du meine Beziehung zu Dir tief und schön machst, und daß Du auch meine Beziehungen zu jedem andern Menschen ordnest und heilst.
> Ich bitte Dich, daß alle meine Verletzungen durch das Blut Jesu geheilt werden, das er am Kreuz für mich vergossen hat, und daß er mir die Kraft gibt, allen zu vergeben, die an mir schuldig geworden sind, die mich angegriffen und verletzt haben.
> Ich widerstehe dem Versuch, mich selbst zu rechtfertigen und Selbstmitleid weiter festzuhalten.

Vergib mir bitte, daß ich an Groll, Bitterkeit und Anklagen so lange festgehalten habe.
In Deiner Kraft vergebe ich jetzt meiner Mutter jede Verletzung, die sie mir zufügte, jede Lieblosigkeit, jede ungerechte Strafe, alle Ablehnung. Ich vergebe ihr jeden Versuch, mich an sie zu binden.
(Pause)
Ich vergebe meinem Vater allen Mangel an Liebe und an Zuwendung, jede Überforderung, Zurückweisung und Härte.
(Pause)
Ich vergebe meinen Eltern jede Streiterei, die mich erschreckte und verunsicherte.
(Pause)
Ich vergebe meinen Geschwistern und andern Kindern jede Zurückweisung und Lieblosigkeit. Nenn jetzt im Stillen vor Jesus deren Namen.
(Pause)
Ich vergebe meinen Lehrern und Mitschülern alles, was sie taten, um mich herabzusetzen.
(Pause)
Ich vergebe allen Ausbildern, Vorgesetzten und Arbeitskollegen, allen, die mir mit Härte begegnet sind, die mich nicht gelten ließen, die mich nicht anerkannten.
(Pause)
Ich habe Liebe gesucht und Vertrauen verschenkt. Ich vergebe allen, die mein Vertrauen enttäuschten oder mißbrauchten.
(Pause)
Lieber Vater! Ich erkläre jetzt ausdrücklich: Ich gebe alle Verletzungen, alle Schuld anderer an Dich ab. Sie alle sind nicht mehr meine Schuldner. Ich habe ihnen jetzt vergeben, wie Du mir vergeben hast. Laß meine Bereitschaft wachsen, weiterhin zu vergeben. Bitte heile alle meine Wunden. Ich danke Dir für Deine Vergebung und für die heilende Wirkung des Vergebens.
Ich binde alle Mächte in Jesu Namen, die Einfluß auf mich hatten: den Geist des Selbstmitleids, den Geist des Grolls und der Bitterkeit, den Geist der Minderwertigkeit, den Geist der Isolierung und sage mich von ihnen los.
Lieber Vater, erfüll mich bitte mit Deinem Heiligen Geist der Liebe, mit dieser ganz besonderen Liebe, die vergibt, die geduldig ist, die hofft.
Lieber Vater, ich danke Dir, daß ich durch Jesus Dein Kind bin. Ich vertraue Dir. Ich liebe Dich. Amen.

Dieses Gebet ist ein Anfang, der nur einiges berührt und vor Jesus gebracht hat.
Das folgende Zeugnis zeigt, daß sich Vergeben und Innere Heilung über einen längeren Zeitraum erstrecken können.


**6. Vorlesen:**
**„Das Schwarz-auf-Weiß der Vergebung"**
Corrie ten Boom (etwa 6 Minuten)
„Wenn ihr steht und betet, so vergebt, wenn ihr etwas gegen jemand habt, damit auch euer Vater im Himmel euch eure Übertretungen vergibt." Markus 11,25

Ich wollte, ich könnte sagen, daß ich nach einem langen und fruchtbaren Leben, in dem ich durch die Welt gereist bin, es gelernt habe, allen meinen Feinden zu vergeben. Ich wollte, ich könnte sagen, daß barmherzige und wohlwollende Gedanken von selbst aus mir heraus hin zu andern fließen. Aber dem ist nicht so. Wenn es etwas gibt, das ich nach meinem achtzigsten Geburtstag gelernt habe, dann dies, daß ich richtiges Verhalten und gute Gefühle nicht vorrätig halten kann – ich kann sie nur jeden Tag wieder neu von Gott erbitten.

Vielleicht bin ich deswegen auch froh, denn jedesmal, wenn ich zu Ihm komme, lehrt Er mich wieder etwas Neues.

Ich denke dabei an die Zeit – ich war fast siebzig – ,als einige gläubige Freunde, denen ich vertraute und die ich liebte, etwas taten, was mich tief kränkte. Nun sollte man denken, daß, wenn man Menschen wie Aufsehern im KZ Ravensbrück vergeben konnte, es eine Kleinigkeit wäre, Mitchristen zu vergeben. Aber das war es für mich nicht. Wochenlang gärte es in meinem Herzen. Dann aber bat ich Gott, von neuem ein Wunder in mir zustande zu bringen. Und es geschah: zuerst die Entscheidung mit dem Willen, dann der Strom von Freude und Frieden. Ich hatte meinen Freunden vergeben; ich stand wieder im richtigen Verhältnis zu meinem Vater.

Aber warum wurde ich dann plötzlich mitten in der Nacht wach – und die ganze Sache stand mir wieder lebhaft vor Augen? „Meine Freunde!" dachte ich. „Menschen, die ich liebte!" Wären es Fremde gewesen, hätte ich es bei weitem nicht so schlimm gefunden.

Ich setzte mich und machte Licht. „Vater, ich dachte, alles sei vergeben. Bitte, hilf mir!"

Aber in der Nacht darauf wurde ich wieder wach. ‚Sie waren immer so nett gewesen! Nie hatten sie etwas von ihrem Vorhaben durchblicken lassen.'

„Vater!" rief ich verzweifelt. „Hilf mir!"
Dann wurde mir ein anderes Geheimnis der Vergebung klar: Es genügt nicht, nur zu sagen: „Ich vergebe dir", wir müssen auch danach leben. In meinem Fall bedeutete das: So tun, als ob ihre Sünden – geradeso wie meine eigenen – auf dem tiefsten Grunde des Meeres lägen. Wenn Gott ihrer nicht gedenkt – und Er hat gesagt: „… und ihrer Sünden und ihrer Ungerechtigkeit will ich nicht mehr gedenken" (Hebräer 10,17) –, dann darf ich es auch nicht. Und die Ursache dafür, daß jene Gedanken nach wie vor in mir aufstiegen, war, daß ich mich in Gedanken mit ihren Sünden beschäftigte.
So entdeckte ich wieder einen von Gottes Grundsätzen: wir können Gott nicht nur unsere Gefühle, sondern auch unsere Gedanken anvertrauen. Als ich Ihn bat, meine Einstellung den andern gegenüber zu erneuern, nahm Er auch die verkehrten Gedanken weg. Er mußte mich jedoch am Beispiel dieses Vorfalls noch mehr lehren.
Jahre später – ich war bereits achtzig – kam ein amerikanischer Freund zu Besuch zu mir nach Holland. Als wir in meiner Wohnung in Baarn saßen und miteinander redeten, erkundigte er sich nach den Menschen, die mich seinerzeit so ausgenutzt hatten.
„Oh", sagte ich ziemlich selbstzufrieden, „das ist alles vergeben."
„Von dir aus wohl", sagte er, „aber wie steht es mit jenen Menschen? Haben sie deine Vergebung angenommen?"
„Sie sagen, es wäre nichts zu vergeben! Sie leugnen, daß je etwas vorgefallen wäre. Aber was sie auch sagen – ich kann beweisen, daß sie unrecht getan haben." Und schon war ich an meinem Schreibtisch. „Schau, hier habe ich es, schwarz auf weiß! Ich habe alle ihre Briefe aufgehoben und will dich lesen lassen, wo …"
„Corrie!" Mein Freund schob seinen Arm unter meinen und schloß leise die Schublade. „Liegen nicht alle deine Sünden auf dem Grund des Meeres? Und da hebst du die Sünden deiner Freunde auf, schwarz auf weiß!"
Einen Augenblick lang wußte ich vor Bestürzung kein Wort herauszubringen. „Herr Jesus", flüsterte ich endlich. „Du nimmst alle meine Sünden weg; vergib mir, daß ich all die Jahre den Beweis gegen andere aufbewahrt habe! Schenke mir die Gnade, die ganzen Briefe zu verbrennen als ein wohlriechendes Opfer zu Deiner Ehre."
An jenem Abend ging ich nicht schlafen, bevor ich meinen Schreibtisch durchsucht und alle Briefe hervorgeholt hatte – Briefe, die schon vergilbt waren – , wonach ich sie in meinem kleinen Kohleofen verschwinden ließ. Als die Flammen sie verzehrten, da spürte ich eine warme Glut in meinem Herzen.
„Vergib uns unsere Schulden", lehrte Jesus uns beten, „wie wir vergeben unsern Schuldigern." In der Asche, die von den Briefen übrigblieb, sah ich

ein weiteres Mosaiksteinchen Seiner Gnade. Was Er mich in Zukunft noch alles über Vergebung lehren würde, wußte ich nicht, aber die Lektion jenes Abends war eine sehr frohmachende Botschaft.
Jesu Vergebung nimmt nicht nur unsere Sünden weg, sondern verändert uns so, daß es ist, als wären sie nie dagewesen.

Der Leiter sollte ein persönliches Gebet JETZT anbieten – vor der Gruppe (für den, der die Freiheit dazu hat,) oder anschließend mit ihm allein oder nach Vereinbarung oder auch bei einem andern Seelsorger, den er vorschlägt. (Eine gute Regel heißt: Mann zu Mann und Frau zu Frau oder zu einem Ehepaar).

Wenn der Leiter wieder allein ist: Dank und Fürbitte

# BEFREIUNG VON OKKULTEN BINDUNGEN

**Vorbereitung:**
- Dank, den Heiligen Geist um Weisheit und Führung bitten, Fürbitte
- Blatt mit Zeichnung
- Für jeden einen Stift
- Bei Kopiermöglichkeit für jeden die „Liste über okkulte Bereiche" kopieren
- Zur Vorbereitung gehört, daß der Leiter sich, die Hauskreisteilnehmer und alle Angehörigen (einschließlich der Tiere) unter den Schutz des Blutes Jesu stellt.

Nach einer Lobpreiszeit oder am Ende: Füreinander beten und auf Erkenntnisse und Eindrücke des Heiligen Geistes warten.

**1.** Heute wollen wir das Thema „Okkultismus" besprechen.
Die Überschrift heißt: „Jesus Christus ist Sieger!"
Laßt uns das jetzt gemeinsam laut proklamieren:

**„Jesus Christus ist Sieger!"**

**2.** Jesus möchte, daß wir frei und unbelastet leben. Er will uns von allen Bindungen des Feindes befreien. Dafür ist er am Kreuz gestorben. Durch sein Blut schafft er einen Schutzraum um jeden, der sich ihm ausliefert. Das Bild aufhängen und von den Teilnehmern erklären lassen („Feurige Pfeile des Bösen", Epheser 6,16).

**3. Vorlesen:**
**„Augenzeuge des Unsichtbaren"**
    Ingolf Ellßel (etwa 9 Minuten)

**Magie beim Klassenfest**
    Als 15jähriger besuchte ich eine
Fete meiner Schulklasse. Der Abend begann recht locker. Im Hintergrund lief Musik, wir tranken Cola und knabberten Salzstangen. Einige spielten Schach, andere diskutierten mit dem Klassenlehrer. Dieser Ablauf wurde plötzlich von unserer Klassensprecherin unterbrochen. Sie erklärte uns,

daß sie eine besondere Darbietung vorbereitet habe, für die sechs Mitspieler und die schwerste Person der Klasse gebraucht würden.
Alles war schnell organisiert. Manfred, unsere „deutsche Eiche", mußte sich auf einen Tisch legen, und die Mitspieler sollten sich um ihn herumstellen. Ich war mit von der Partie. Es folgte eine Konzentrationsübung, während der unsere Klassensprecherin mystische Formeln sprach. Einige lachten verkrampft, mir wurde unheimlich. Danach sollten wir Manfred nur mit den Zeigefingern hochheben. Gerne hätte ich dieses mittlerweile unheimliche Spiel unterbrochen, aber mir fehlte der Mut; ich wollte kein Spielverderber sein. In der Tat hoben wir Manfred hoch. Keiner von uns spürte ein Gewicht. Steif wie ein Brett schwebte er auf unseren Fingern. Es war kaum zu fassen. Der Beifall war groß, aber für mich begannen neun schwere Monate.
Als bewußter Christ merkte ich, daß ich mich in das Spiel mit magischen Kraftwirkungen eingelassen hatte. Zu Hause und in der Gemeinde schwieg ich über diesen Vorfall. Mein Glaube an Gott schwand mehr und mehr. Eine große Lebensunlust befiel mich und ich dachte oft: „Wen kümmert es schon, wenn ich mich jetzt umbringe?" In großer Verzweiflung offenbarte ich das Erlebnis endlich einem erfahrenen Christen. Wir beteten gemeinsam um Gottes Hilfe. Innerhalb von drei Tagen verließen mich die lebensverneinenden Symptome und meine gewohnte lebensbejahende Haltung kehrte zurück.

**Mein Schulfreund dreht durch**
Wir befreundeten uns gleich in der ersten Klasse. Mein christliches Bekenntnis blockte er mit seiner atheistischen Haltung ab. Trotzdem verbanden uns viele Interessen und Sympathien, so daß wir täglich Zeit miteinander verbrachten.
Als wir sechzehn Jahre alt waren, hatten wir beide Probleme mit Warzen. Eines Tages zeigte er mir stolz seine warzenfreien Stellen und fragte, ob ich nicht auch den Trick seiner Oma anwenden möchte. Ich wurde neugierig. Die Methode war einfach: Es wird ein bestimmter Spruch aufgesagt, an den man fest glauben muß, und dann gehen die Warzen weg. Er wollte mir diesen Spruch jedoch nur anvertrauen, wenn ich ihn auch anwenden würde. Ich lehnte dankend ab. Das Erlebnis auf der Klassenfeier war mir eine ausreichende Lektion gewesen. Der anschließende Meinungsaustausch endete in einem Streit. Ich warf ihm vor, daß er seine atheistische Haltung in der falschen Richtung verlassen habe und nun mit dem Teufel im Bund stehe. Er hielt mir entgegen, daß ich religiös-naiv wäre und keine Ahnung davon habe, daß es „neutrale parapsychologische" Kräfte gebe, die man zur persönlichen Hilfe abrufen könne.

Er sprach zwei Wochen lang kein Wort mit mir, bis er eines Nachts um zwei Uhr wie wild an mein Zimmerfenster klopfte. Ich ließ ihn rein. Mit einem Schlafsack unter dem Arm stand er wie von Sinnen vor mir und erzählte wirres Zeug: Sein ganzes Zimmer wäre voll Blut, das Bett bewege sich hin und her, während er darauf liege, laute Stimmen würden ihn gehässig auslachen, und er habe panische Angst durchzudrehen. Heulend fragte er mich wieder und wieder, ob er noch normal sei. Ich war ratlos. Drogen nahm er nicht, das wußte ich sicher. Dann brachte er mich selbst auf die richtige Idee. „Ingolf, darf ich hier schlafen … und … kannst du nicht für mich beten?" Das war schön. Das erste Gebet nach zehnjähriger Freundschaft. Gott antwortete prompt. Die Angst wich, wir schliefen ruhig, und der Spuk wiederholte sich nicht.
Am nächsten Tag fuhren wir zu ihm und gingen in sein Zimmer. Blut sahen wir nicht, aber sein Bett stand schräg mitten im Raum.

**Yoga – nur Entspannung?**
Nach dem Fachabitur besuchte ich die Bibelschule „Beröa" und wurde Pastor. Im fünften Jahr meines Pastorendienstes hielt ich eine evangelistische Vortragsreihe in einer norddeutschen Kleinstadt. Auch ein junger Arzt entschied sich für Jesus Christus. In der Seelsorge bekannte er alle Sünden, die ihm einfielen, und suchte im Gebet die Vergebung Jesu. Die Ergebnisse seines neuen Glaubens waren offensichtlich. Er liebte Jesus, las eifrig in der Bibel und ließ keine Gebetsgemeinschaft aus. Außerdem bekannte er die Befreiung von Schwermut und bezeugte vielen Menschen am Ort, daß er sich durch den Glauben an Jesus wie neugeboren fühlte. Er schloß sich der Gemeinde an, seine Frau aber blieb skeptisch.
Ein Jahr später rief mich dieser Mann völlig aufgelöst an und bat um einen Seelsorgetermin. Noch am gleichen Abend saßen wir zusammen, und er berichtete. Er habe mitten in der Nacht Erstickungsanfälle, sowohl alptraumartig als auch im Wachzustand. Und wenn er in die Praxis fahre, komme der zwanghafte Gedanke über ihn, er solle gegen einen Baum fahren, begleitet von dem drängenden Lustgefühl an solch einem Unfall. Er verstehe sich selber nicht, wo er doch eine phantastische Frau, zwei liebe Kinder und einen erfüllenden Beruf habe. Im Gespräch fanden wir die Ursache: Er erkannte Yoga, Autogenes Training und Transzendentale Meditation nicht als Sünde an.
Während des Medizinstudiums war er von einigen Kommilitonen in Autogenes Training und Yogakurse eingeführt worden. Mit eisernem Willen meditierte er jeden Morgen und Abend. Ein streßdämpfendes Trancegefühl stellte sich ein und machte ihn belastungsfähiger. Sein Mantra war der Name eines Dämonen, den er bei jeder Meditation anbetete. Als Gegenlei-

stung wirkte der Dämon mit entspannenden Kräften und gab ihm sogar die Überwindung der Erdanziehungskraft durch Schwebeerlebnisse.

Als Christ hatte er nun weiter an seiner Meditation festgehalten, aber den Namen Jesus in die Konzentrationsübung gebracht. Dagegen wehrte sich der Dämon durch die genannten Erstickungsanfälle und Selbstmordgedanken.

In seiner großen Not und dem tiefen Wunsch nach Befreiung sprach er jetzt das Gebet des Sündenbekenntnisses. Normalerweise schicke ich die Leute nach solch einem Gebet nach Hause. In diesem Fall jedoch hörte ich innerlich die sanfte Anweisung des Heiligen Geistes: „Und jetzt gebiete!" So etwas hatte ich noch nie getan. Mit vorsichtigen Worten erklärte ich dem Arzt meine Absicht. Er war bereit. So sprach ich den Mantra-Namen des Dämons aus und gebot, aus dem Mann zu weichen. Plötzlich wurde der junge Arzt hin- und hergerissen, sein Gesicht verzerrte sich furchtbar und der ganze Körper fing an zu zittern. Nach etlichen Minuten der Gebetsbemühung stoppte ich in dem Wissen, daß der Dämon noch Anrechte hatte und deswegen dem gebietenden Gebet nicht zu folgen brauchte.

Im Gespräch kamen wir auf Gegenstände zu sprechen, die mit der Ausübung des Yoga zusammenhingen. Wir verbrannten diverse Bücher und seine Yoga-Matratze. Ein Gebetsteam kam zur Hilfe, und wir blieben einige Stunden in der Fürbitte, bis uns alle ein unbeschreiblicher Friede erfüllte. Die Verzerrungen und Krämpfe hörten auf. Vor Ehrfurcht wagte keiner zu sprechen, denn jeder wußte: Gott hatte eingegriffen und den Mann befreit.

Wenig später entschied sich auch seine Frau für Jesus und beide ließen sich taufen. Das war vor fünf Jahren. Sie sind heute hingegebene Christen. (Aus: „Der Auftrag" Nr. 34 „Jugend mit einer Mission", Hurlach)

**4.** Folgendes frei wiedergeben oder vorlesen:

Der Teufel und seine Mächte sind eine dunkle Wirklichkeit dieser vergehenden Welt. Der Teufel ist besiegt, aber er führt noch Rückzugsgefechte der schon verlorenen Schlacht. Jesus ist alle Macht im Himmel und auf der Erde gegeben (Matthäus 28,18). Aber bis zu seiner Wiederkunft ist der Teufel noch der „Fürst dieser Welt" (Johannes 14,30). Hinter okkulten Dingen stehen Dämonen.

Aus Angst oder Neugier wollen Menschen etwas über ihre Zukunft erfahren. Gott möchte, daß wir uns ALLEIN AN IHN wenden und seine Liebe und Fürsorge in Anspruch nehmen. Er will uns vor dem Feind schützen. Oft wird gesagt: Das hab' ich doch nur aus Spaß gemacht (oder aus Neugier).

Wenn ich nur aus Spaß meine Hand in einen Löwenkäfig halte, wird der Löwe nicht nach meinen Motiven fragen. Wer sich auf irgendwelche okkulten Dinge einläßt, öffnet dem Teufel eine Tür in sein Leben. „Der Teufel geht umher wie ein brüllender Löwe und sucht, wen er verschlingen kann. Dem widersteht fest im Glauben" (1. Petrus 5, 8 und 9).
Der Feind kennt einen TEIL der Wahrheit, nie aber die GANZE Wahrheit. Jesus nennt ihn den „Vater der Lüge" (Johannes 8,44). Er kann sogar heilen. Aber der Preis ist eine Bindung an ihn, oft in Form von Ängsten oder Depressionen.
Jesus will uns von allem Okkulten, mit dem wir willentlich oder unwissend oder neugierig Kontakt hatten, befreien und uns schützen vor allem, was uns neu bedrohen will.
Zur Befreiung gehört auch, daß wir uns ausdrücklich von allen Dingen des okkulten Bereichs trennen. z. B. Apostelgeschichte 19,19 bis 20: Die zum Glauben kamen, verbrannten ihre Zauberbücher, die einen hohen Wert hatten. Es geht darum, auch keinen Gewinn daraus zu schlagen (selbst wenn man denkt, man wolle das Geld für das Reich Gottes geben).

**5.** Eine **afrikanische Geschichte** macht deutlich, daß wir dem Feind auch nicht das kleinste Anrecht lassen dürfen.

Ein Mann kaufte eine **Rundhütte**. In der Mitte stand ein Pfosten, auf dem das Dach auflag. Der Verkäufer sagte: Alles soll dir gehören, nur den einen Nagel oben im Balken will ich behalten. Der Käufer war einverstanden. Es schien ihm belanglos. Eines Tages besuchte ihn der frühere Besitzer. Er ließ seinen Hut an dem Nagel hängen. Der neue Besitzer sagte: Wollen Sie nicht Ihren Hut mitnehmen? – Den lasse ich hier, der hängt ja an meinem Nagel. – Beim nächsten Besuch ließ er seine Jacke an seinem Nagel zurück. Eines Tages kam er und hängte eine Gazelle daran, die er gerade erlegt hatte. Nach ein paar Tagen fing der Kadaver an zu stinken. Das wurde so schlimm, daß der Besitzer das Haus verlassen mußte.

**6.** Jesus will uns ganz frei machen.
Um welche Schritte geht es dabei?
1.) Voraussetzung ist die Lebensübergabe an Jesus.
2.) Erkenntnis, daß dies alles vor Gott Sünde ist.
3.) Bitte um Vergebung für alles, was in diesem Bereich vorgefallen ist.
4.) Sich selbst davon lossagen. Wir müssen erklären, daß wir damit nichts mehr zu tun haben wollen.
5.) Loslösen durch einen Seelsorger (Matthäus 18,18).

Die Bibelstellen zu diesem Thema vorlesen (nicht aufschlagen lassen):
5. Mose 18,9 bis 13/ Jesaja 8,19/ Hosea 4,12/ Johannes 8,36.

**7.** Zettel und Stifte verteilen

**a)** Wenn der Leiter nicht kopieren konnte:
Erklären, daß sich jeder beim Vorlesen der Liste über okkulte Bereiche Stichpunkte machen soll, mit welchen Dingen er schon einmal in Berührung gekommen ist. Es geht bei den Notizen nur um eine Gedächtnisstütze für das spätere Gebet (Es ist unwichtig, ob die Dinge dabei richtig geschrieben werden).
Beim Vorlesen nach jedem Punkt eine kurze Pause lassen, damit jeder die Möglichkeit hat, sich etwas zu notieren.

**b)** Wenn die Liste für jeden kopiert werden konnte, Stifte verteilen.
Während der Leiter die Liste langsam vorliest, soll jeder alles unterstreichen, womit er schon persönlich in Berührung gekommen ist.

Bevor Sie die Liste vorlesen, sprechen Sie **ein kurzes Gebet** und bitten Sie den Heiligen Geist, daß er jeden erinnert, wo er mit Okkultem in Berührung gekommen ist. Die folgende Liste langsam vorlesen.

Zu einigen Stichworten evtl. zusätzliche Erklärungen geben
(z. B. „toi-toi-toi" kommt von „Teufel-Teufel-Teufel").

**8. Das Lossagegebet** vorlesen.
Vorschlagen, daß der Leiter dieses Gebet in kurzen Sätzen vorspricht.

---

LOSSAGE-GEBET
1. Herr Jesus Christus, ich gehöre Dir. Ich habe gesündigt. Ich bitte Dich um Vergebung für meine Betätigungen und Bindungen im okkulten Bereich und bekenne sie Dir jetzt (einzeln nennen): ...
(Reihum liest jeder – ohne Kommentar – seine Stichworte vor. Danach weiterbeten)

2. Herr Jesus Christus, in Deinem Namen und im Vertrauen auf Dein Blut, das Du für mich vergossen hast, sage ich mich los vom Teufel und von allen seinen Werken.

3. Herr Jesus Christus, in Deinem Namen sage ich mich los von jedem Einfluß der Finsternis, der durch meine Eltern oder Vorfahren auf mich gekommen ist.

4. Ich sage mich ebenso los von jedem Einfluß der Finsternis, der durch meine Frau (meinen Mann) und ihre (seine) Eltern und Vorfahren auf mich gekommen ist.

5. Herr Jesus Christus, in Deinem Namen sage ich mich los von allen Dingen des Aberglaubens, auf die ich mein Vertrauen gesetzt habe.

6. Ich übergebe mich Dir, Jesus Christus. Ich bin Dein Eigentum für Zeit und Ewigkeit. Ich will Dir ganz und gar gehören. Gib mir bitte Deinen Heiligen Geist, der mich mit Deinem Licht auf Deinem Weg führt.
Amen.

## 9. Loslösung durch den Leiter
Er sagt:
„Dazu ist der Sohn Gottes erschienen, die Werke des Teufels zu zerstören." (1. Johannes 3,8)
und betet:
„Herr Jesus Christus, ich berufe mich auf Deine Vollmacht. Du hast gesagt: „Was ihr auf Erden lösen werdet, das soll auch im Himmel gelöst sein." (Matthäus 18,18)
Er wendet sich dem Ersten zu:

> „..........(Vor- und Nachname)............, ich löse Dich im Namen Jesu Christi von der Schuld, die Du bekannt hast, und von allen Bindungen der Finsternis, in denen Du gebunden warst. Ich hefte das alles ans Kreuz Jesu Christi. Amen."

Jeder antwortet: „Danke, Jesus!"

Der Leiter wendet sich dann – wieder mit vollem Namen – dem Nächsten zu. (In schwierigen Fällen sollte sich der Hauskreisleiter um Rat und Hilfe an einen Erfahreneren wenden.)

Mit einem **Loblied** schließen.
Wenn der Leiter wieder allein ist: Dank und Fürbitte

**Liste über okkulte Bereiche**
(Nach Walter Wilms, Essen, und Best Hope, Nieschberg und Ergänzungen)

„Aberglaube" ist eine von Gott (dem Vater Jesu Christi) losgelöste Glaubenshaltung. Wir nehmen bewußt oder unbewußt die Hilfe Satans und seiner Mächte in Anspruch, vertrauen ihm statt dem lebendigen Gott und geraten so in die Abhängigkeit des Teufels.
Dies ist nur eine kleine Auswahl aus dem großen Bereich gefährlicher Aktivitäten und Bindungen.

**Zeichendeuterei**
Es wird auf Zeichen geachtet, die Glück und Unglück bringen sollen, wie Glückspfennig,
Glücksschweine, Glückspilze, Glücksscherben, Glücksringe, Glücksanhänger, Hufeisen,
vierblättriges Kleeblatt, Marienkäferchen, Schornsteinfeger, Talisman, Maskottchen, kreuzweise die Hände geben, schwarze Katze usw.

**Auf Zeichen achten, Tage wählen**
Glücks- und Unglückszahlen, „13", dreimal niesen, Freitag der 13. usw. Auf Tage, Stunden, Zeiten achten, oft mit abergläubischen Handlungen verbunden z.B. wann reisen, heiraten, säen, pflanzen, waschen usw.

**Vogelschreie beachten**
Dem Vogelschrei eine abergläubische Bedeutung beimessen (Käuzchen, Elster, Kuckuck usw.) (2. Könige 21,6)

**Beschwörungen**
Glück herbeirufen oder Unglück abwehren durch Daumendrücken, Hals- und Beinbruch wünschen, Brot und Salz hinter den Ofen legen, toi toi toi wünschen, auf Holz klopfen usw.

**Sterndeuterei**
Auf Tierkreiszeichen achten, astrologische Kalender beachten zum Säen, Pflanzen, Ernten; bei Vollmond oder Neumond etwas tun oder nicht tun, Monatsringe tragen. Nach Sternen Schicksal von Menschen oder Völkern deuten oder voraussagen; Horoskop lesen.
(Jeremia 10,2; Jesaja 47,13; 2. Könige 21,3 und 5)

**Zauberei**
„Weiße Magie" (mit frommem Deckmantel); „Schwarze Magie" in bewußter Zusammenarbeit mit dem Teufel; 6. und 7. Buch Mose (altindisches Zauberbuch, das mit der Bibel nichts zu tun hat).

**Wahrsagerei**
Vergangenheit erforschen oder Zukunft deuten durch Kartenlegen, Hellsehen, aus Handlinien oder Kaffeesatz lesen, Wahrsagezettel, Bleigießen, Tische rücken usw. (3. Mose 19,31)

**Besprechen**
Besprechen von Krankheiten bei Menschen oder Vieh durch Zauberformeln oder scheinbare Gebete; „Wunderdoktoren", Kurpfuscher; Zaubersegen (auch in den drei höchsten Namen), geweihte Amulette, Zauberzettel, Tätowierungen usw. (3. Mose 19,28)

**Pendeln**
Feststellen von Krankheiten und Heilmitteln durch Pendeln (auch über Fotos, Kleidungsstücken oder Taschentüchern) über Landkarten (ob jemand noch lebt und wo er sich aufhält) Wassersuche, Wünschelruten (Hosea 4,12)

**Heilmethoden**
Seelenleben mit eigener Anstrengung lenken wollen (Suggestion, Telepathie, Hypnose, Magnetopathie usw.) Aspekte der Augendiagnostik, der Akupunktur, Fußzonen-Reflexmassage usw.

**Spiritismus**
Verkehr mit angeblichen Geistern von Toten; spiritistische Literatur; Freimaurerei usw.

**Zaubersegen**
Segen zum Blutstillen, Brandlöschen, verbunden mit geheimnisvollen Handlungen um Mitternacht, am Kreuzweg, Friedhof, an dunklen Orten - unter Mißbrauch des Namens Gottes, Blutverschreibung, Verfluchung von Mitmenschen, Himmelsbriefe, bestimmte Kettenbriefe

**Satansmesse**
Satansanbetung, Satansverschreibung (3. Mose 17,7)

**Irrlehren**
Heidnische Glaubenssysteme und Philosophien (Jesaja 47m91; 1. Timotheus 4,1) östliche Religionen, Yoga, Anthroposophie, Jakob Lorber, besondere Formen der Gruppendynamik, Zeugen Jehovas, Christliche Wissenschaft, Mormonen, Neuapostolische Gemeinde, Rosenkreuzer, Parapsychologie, Transzendentale Meditation, Moon-Sekte, Scientology Church, Hare Krishna, Family of Love, Bahai usw.

Wir sollten uns als Christen auch aus **„Grauzonen"** raushalten. „Alles, was wir nicht im Glauben an Christus tun, ist Sünde" ( „Hoffnung für alle", Römer 14,23).

# VOM HEILIGEN GEIST GEFÜHRT 1

## Die leise Stimme des Heiligen Geistes

**Vorbereitung:**
- Dank, den Heiligen Geist um Weisheit und Führung bitten, Fürbitte
- Wenn möglich die 5 Geschichten für 3 Sprecher kopieren

Nach einer Lobpreiszeit oder am Ende: Füreinander beten und auf Erkenntnisse und Eindrücke des Heiligen Geistes warten.

**1. Lesen: 1. Samuel 3,1 bis 9**

? „Was ist Dir in diesem Abschnitt wichtig und warum?"
Stille, Austausch

? „Warum erkannte Samuel die Stimme Gottes nicht?"

? „Was half Samuel, die Stimme Gottes zu erkennen?"

? „Wann konnte Gott zu ihm reden?"

**2. Fünf Leseszenen** für drei Sprecher:
(1.) = Erzähler, (2.) = Sprecher, (3.) = Stimme des Heiligen Geistes

---

(1.) Der Wecker klingelt. Christa dreht sich im Bett noch mal rum und denkt:
(2.) „Nur noch 10 Minuten, dann ist's immer noch früh genug."
(1.) Der Heilige Geist:
(3.) „Steh lieber sofort auf. Jesus wartet schon auf seine Zeit mit

---

(1.) Nach der Behandlung beim Zahnarzt. Der Heilige Geist:
(3.) „Gib doch der Sprechstundenhilfe ein Traktat und bedank dich, daß sie immer so freundlich zu dir ist."

(1.) Am Nachmittag bat Gustav seine Frau, einen wichtigen Brief noch schnell zur Post zu bringen.
(2.) „Ja gleich, ich will nur grad noch Helga anrufen."
(1.) Der Heilige Geist:
(3.) „Willst du es nicht besser sofort tun? Er hat dich doch darum gebeten."
(2.) „Ich will nur eben vorher noch ganz kurz Helga anrufen."
(1.) Sie telefoniert. Das Gespräch dauert doch länger, als sie gedacht hatte, denn Helga hat ein Problem. Dann rennt sie zur Post. Sie wird den Brief nicht mehr los. Die Post ist schon geschlossen. Der Heilige Geist:
(3.) „Geh zu Gustav, gestehe es ihm ein und bitte ihn um Vergebung."

---

(1.) Abends im Strick-Kränzchen. Eine sagt:
(2.) „Frau Meyer läuft immer mit demselben alten Kleid rum. Die ist zu geizig, sich mal ein schönes neues zu kaufen."
(1.) Der Heilige Geist zu Christa:
(3.) „Meinst du, daß es Frau Meyer recht ist, wenn ihr so über sie redet? Solltest du nicht für sie eintreten und sagen: Laßt sie doch selbst entscheiden, wofür sie ihr weniges Geld ausgibt."

---

(1.) Abends müde im Bett. Der Heilige Geist:
(3.) „Willst du dem Vater im Himmel nicht noch ein paar liebe Worte sagen? Du hast doch so viel Grund zum Danken. Hat er dich heute nicht beschützt und beschenkt?"

---

**?** 3. „Wer hat die Stimme des Heiligen Geistes auch schon so gehört?"
Berichten lassen.


**4. Gebete** (u. U. in Kleingruppen)

Wenn der Leiter wieder allein ist: Dank und Fürbitte.

# VOM HEILIGEN GEIST GEFÜHRT 2

## Wie kann ich die Stimme Gottes hören?

**Vorbereitung:**
- Dank, den Heiligen Geist um Weisheit und Führung bitten, Fürbitte
- Blätter und Stifte für jeden

Nach einer Lobpreiszeit oder am Ende: Füreinander beten und auf Erkenntnisse und Eindrücke des Heiligen Geistes warten.

**1. Jesaja 43,1 bis 7** lesen: Ein Liebesbrief Gottes an sein Volk

**„Was ist Dir daran wichtig und warum?"**
Stille und Austausch.

**2.** Jeder schreibt einen **„Liebesbrief"** Gottes an sich.
Der Leiter betet dazu:
„Lieber Vater im Himmel, rede Du jetzt zu Deinen Kindern ganz persönlich."
Der Anfang des Briefes heißt:

| |
|---|
| Mein geliebter Sohn ................ (Name) |
| (bzw.: Meine geliebte Tochter ................) |
| ................................................................ |
| ................................................................ |

Einige bitten, ihren Brief vorzulesen.

**3. Aufgabe** für die nächsten 7 Tage:

Jeden Tag die Stille Zeit mit einem entsprechenden Liebesbrief anfangen.

Beim nächsten Mal darf jeder einen dieser Briefe vorlesen.

Wenn der Leiter wieder allein ist: Dank und Fürbitte

# VOM HEILIGEN GEIST GEFÜHRT 3
## Wie kann ich den Willen Gottes erkennen?

**Vorbereitung:**
- Dank, den Heiligen Geist um Weisheit und Führung bitten, Fürbitte
- Wenn möglich, den Text vervielfältigen „Wie kann ich den Willen Gottes erkennen?" (Bendorfer Kärtchen Nr. 14 – bei ASAPH)

Nach einer Lobpreiszeit oder am Ende: Füreinander beten und auf Erkenntnisse und Eindrücke des Heiligen Geistes warten.

Jeder darf einen **„Liebesbrief"** der vergangenen Woche vorlesen.

**1.** Ein Beispiel, wie der Heilige Geist wirkt.

**Vorlesen:**
**„Eine dicke Sache"**

Walter Heidenreich (etwa 11 Minuten)

Nach meiner Bekehrung hatte ich vieles in meinem Leben in Ordnung zu bringen und nahm mir eines nach dem andern vor. Aber es blieb noch eine ganz dicke Sache, an die traute ich mich nicht heran, weil das eben Geld kosten würde. Und Geld hatte ich nicht; es ging wahrscheinlich um mehrere tausend Mark.

Ich hatte nämlich mal in einer Kommune gewohnt, und uns war dann gekündigt worden. Es war ein möbliertes Haus. Ein Freund und ich transportierten dann aus Rache etliche Möbelstücke im LKW ab. Wir verkauften sie nicht und bereicherten uns nicht an ihnen; wir wollten einfach nur nicht akzeptieren, daß man uns gekündigt hatte, obwohl wir selbst daran schuld waren. Die Möbel verteilten wir dann unter die Leute. Darauf kriegten wir eine Anzeige und mußten zur Polizei, wo wir „beweisen" konnten, daß wir unschuldig waren. Dann sind wir zu dem Vermieter hingegangen und haben ihm gesagt, wenn er noch einmal wagen würde, etwas gegen uns zu sagen, kriegte er eine Anzeige wegen Verleumdung. Das war richtig böse, was wir da machten. Na ja, da waren wir noch nicht bekehrt und fanden uns noch richtig toll dabei.

Aber dann bekehrte ich mich, und dieses Ding stand sofort im Raum. Ich wußte, das mußte ich in Ordnung bringen. Und dann hab ich an das ganze Geld gedacht, was ich da hätte bezahlen müssen und traute mich nicht. Ich hatte echt Angst, das in Ordnung zu bringen. Alles mögliche andere brachte ich in Ordnung, aber diese Sache überging ich einfach. Immer wieder beruhigte ich mich mit dem Gedanken: „Der Herr hat mir alles vergeben, und Er hat mir auch diese dicke Sache vergeben", und zitierte auch im Gebet: „ Danke, Herr, daß Du mir auch das vergeben hast." Ab und zu hörte ich einmal eine Predigt über das Gewissen, und jedes Mal: „Plopp" - stand die Sache wieder oben. Und ich - „Plopp" - habe sie wieder runtergebracht.

Es waren auch noch genug kleine Sünden da, die ich in Ordnung bringen konnte. Das tat ich dann auch fleißig und betrog mich dabei selber. Aber ich hätte nicht sagen können, daß ich das nicht merkte. Ich merkte es und wurde zusehends unglücklicher. Gott tat einiges durch mein Leben; es war nicht so, daß ich total blockiert gewesen wäre. Leute bekehrten sich, es gab Gemeindebau; man konnte sagen: ein gesegneter Dienst. Nur wenn ich auf die Straße ging und auf die Kiste stieg, um Zeugnis zu geben oder zu predigen, da kriegte ich einen unruhigen Blick, weil ich nämlich immer nach diesem Mann geguckt habe. Wehe, ich hätte ihn gesehen. Ich hätte mich sofort ins nächste Mauseloch verkrochen. Das war ein großes Handicap. Ich merkte irgendwie, mein ganzes Leben hatte nicht die Wirkung, die es eigentlich haben könnte.

Eines Tages kam ein Pastor in unsere Gemeinde, der gern über die Liebe Gottes predigte. Wir waren ganz begeistert und dachten, das ist toll, wenn der uns einmal eine ganze Woche so richtig Gott und Seine Liebe groß machen kann. Und dann kam er, und wißt ihr, was er tat? Er predigte sieben Tage über Buße, sieben Tage hintereinander. Gleich am ersten Abend wurde es mir wieder komisch, da kam das wieder hoch. Ich stand ja vorne und leitete die Anbetung und dabei war mir überhaupt nicht wohl zumute. Beim zweiten Mal habe ich dann noch gebetet: „O Herr, nimm das doch von mir weg!" Ich habe so viele fromme Klimmzüge gemacht wie selten. Am dritten Abend habe ich dann gesagt: „So kann das nicht mehr weitergehen." Ich war total fertig. Ich war fast an dem Punkt, wo ich meinen ganzen Glauben hingeworfen hätte. Und dann erzählte ich meiner Frau davon; die wußte nicht, was mich beschäftigte, sie sah nur, daß mich etwas bewegte, und sie sagte: „Das mußt du in Ordnung bringen." Zu der Zeit war ich arbeitslos, hatte also kein Geld. Wir besaßen noch 200 DM und wußten auch nicht, woher wir etwas kriegen sollten.

Da entschloß ich mich, die Sache in Ordnung zu bringen, brachte das Ganze vor Gott und sagte: „Ich mache das nicht mehr mit. Egal, was jetzt passiert, egal, ob der mich noch mal anzeigt (ich war auch schon vorbestraft), egal ob ich dafür ins Gefängnis gehe; egal, ob der mich fertigmacht bis dorthinaus, ich bringe das jetzt in Ordnung." Und um meinen Freund nicht mit reinzureißen, mußte ich die ganze Sache allein auf mich nehmen.

Am nächsten Tag fuhr ich los, und mir gings echt elend dabei. Ich hatte keinen Glaubensmut, und war auch nicht „emotional beflügelt" vom Herrn, mir gings echt mies. Und dann stand ich mit dem Wagen an der Tankstelle, die er führte und wartete, bis der letzte Kunde weg war, dann ging ich rein. Und da war ich sehr demütig, da hab ich nicht um Demut gebetet, die ganze Sache machte mich demütig.
Ich sagte: „Guten Morgen, Herr Sowieso." - „Ach, guten Morgen, Herr Heidenreich." Er war ganz freundlich, und ich dachte: „Was ist los? Weiß er nicht mehr, was ich gemacht habe? Weiß er nicht mehr, was das für ein Theater war?" - „Ja", sagte ich dann, „ich muß etwas in Ordnung bringen." Er guckte ganz komisch. Da sagte ich zu ihm: „Wissen Sie noch damals, als Sie uns angezeigt haben?" - „Ja." Es war ihm sichtbar unangenehm, daß ich wieder davon anfing. Und dann sagte ich: „Die Anzeige stimmte schon. Sie hatten recht, ich habe die ganzen Sachen mit dem LKW gestohlen." Und er : „Ja, das ist jetzt schon so lange her." Ich sagte: „Ich muß das in Ordnung bringen, ich will dafür bezahlen! Ich möchte Sie um Vergebung bitten, auch für die ganze Geschichte damals mit der Polizei, meine Drogen, mein ganzes Verhalten gegen Sie. Ich möchte Sie um Vergebung bitten." Da wurde er ganz nervös und machte immer seine Kasse auf und zu. Man konnte sehen, er war richtig verlegen; wir waren beide total verlegen. Dann sagte er: „Aber Sie waren das ja nicht allein." Ich sagte: „Ich möchte die ganzen Sachen bezahlen, ich möchte niemand anderen da hineinreißen, und ich möchte das in Ordnung bringen." Da meinte er: „Ja, aber ich weiß ja gar nicht mehr, was Sie alles gestohlen haben." Darauf holte ich einen Zettel aus der Tasche, auf dem ich alles aufgeschrieben hatte, knallte ihn hin und sagte: „All die Sachen, die hier draufstehen, von allem doppelt: Kühlschrank, Elektroherd, Hängeschränke, Sofas." Ach, ich weiß nicht mehr, was das alles war, es war ganz schön viel, zwei Wohnungseinrichtungen. Da wurde er noch nervöser und sagte: „Wie kommt das denn?" Ich sagte: „Ich bin Christ geworden. Ich hab mein Leben Jesus gegeben."
Dann hab ich ihm erzählt, wie ich von Drogen befreit worden bin, wie ich ein neues Leben von Jesus bekommen habe und daß ich wirklich ein reines Gewissen haben wollte, daß ich etliches schon in Ordnung gebracht hätte, aber diese Sache stünde noch zwischen Gott und mir. Dann guckte er so und sagte: „Mensch, ich erlasse Ihnen die ganze Schuld." Ich sagte: „Nein, ich kann nicht alles auf einmal bezahlen. Ich möchte das in Raten bezahlen." Dann legte ich die 200 Mark hin und sagte: „Nein, ich möchte das bezahlen!" Darauf er: „Stecken Sie das Geld wieder ein. Wenn Sie sich so verändert haben, dann finde ich das großartig, weil es heute ganz selten Leute gibt, die ihr Leben in Ordnung bringen. Ich möchte nicht irgendwo

ein Stein auf Ihrem neuen Weg sein. Sie können also wirklich das Geld einstecken und brauchen sich keine Sorgen mehr zu machen."

Noch einmal habe ich mir das nicht sagen lassen, habe die 200 Mark eingesteckt, raus aus dem Laden, rein in den Wagen und nach Hause. Es war unwahrscheinlich, diese Befreiung; ich bin richtig von der Schuld befreit worden. Ich hatte nichts mehr im Nacken.

Abends ging ich auf die Kanzel. Erst hatte ich Angst, ich dachte: "Wenn du das jetzt vor der Gemeinde bekennst, verlierst du dein Gesicht. Du stehst hier schon etliche Zeit und erzählst von den "Freuden in den Hütten der Gerechten", von der Freiheit, und jetzt bringst du da so ein Ding ans Licht."

Und dann erzählte ich es. Einige hatten erst einmal betroffene Gesichter, und ich dachte: "Stimmt, typisch. Jetzt gehts los, jetzt wirst du verdammt!" Aber es war überhaupt keine Reaktion da, nur ein paar lange Gesichter. Dann stieg wieder dieser berühmte Pastor auf die Kanzel, ging aber auch nicht groß auf die Geschichte ein, sondern predigte weiter über ein reines Gewissen, und ich saß da. Ich fühlte mich komisch: "Was sagen denn die Leute jetzt? Es gab überhaupt keine Resonanz. Am Schluß gingen alle ganz schnell nach Hause. Ich sagte noch zu meiner Frau: "Wie soll das denn weitergehen?"

Am nächsten Abend, bevor der Pastor anfing zu predigen, kam so ein kleiner Junge, 12 Jahre, nach vorne und sagte, er möchte ein Zeugnis geben, das hatten wir auch noch nicht erlebt! Und dann gab er Zeugnis! Daß er vor dem Pastor bekannt hatte, was er alles geklaut hatte. Wie ein Rabe! Sein Papa war natürlich aus allen Wolken gefallen. Der Junge erzählte, daß er Spielzeug aus fast jedem Spielzuggeschäft in der Umgebung hatte mitgehen lassen. Und er wollte das in Ordnung bringen und war mit Papa an diesem Tag losgegangen, überall in die Geschäfte und hatte dagestanden und bekannt - 12 Jahre alt. In keinem Geschäft brauchte er etwa zu bezahlen. Alle erließen ihm seine Schuld. Er war total begeistert.

Nachdem er sich gesetzt hatte, kam der nächste und der nächste, 3 oder 4 Leute an dem Abend, die ihr Leben in Ordnung gebracht hatten: Diebstahl, sexuelle Dinge, Ehebruch, alles mögliche; Leute, die echte Einbrüche hinter sich hatten. Fast die ganze Gemeinde wurde umgekrempelt. Interessanterweise stehen alle, die damals ihren Durchbruch in ihrem Leben erreicht haben, heute irgendwo voll im Reiche Gottes und arbeiten für den Herrn.

Von da an war ich wirklich frei, die Sache war in Ordnung. Der Feind hatte keine Macht mehr, mich zu verdammen. Bis dahin hatte er noch Anrechte, aber in dem Augenblick, als die Sache bereinigt war, hatte er kein Recht mehr, mich anzugreifen; es war okay. Ich stünde heute wahrscheinlich nicht so im Dienst des Herrn, wenn ich diesen Schritt nicht getan hätte, das hätte mich zu Fall gebracht. Und die Gemeinde war mir auch nicht böse. Wißt ihr, warum die alle so dasaßen? Weil sie alle überführt worden waren. Sehr viele waren überführt, das haben sie mir hinterher erzählt. Und ich dachte schon, die würden mich alle verdammen. Das ist ja immer unsere Angst: Was werden die Leute sagen?

Ich habe aber erlebt, daß, wenn Leute überführt wurden, sie durch ihr Bekenntnis und Gebet von solchen Sachen und Gebundenheiten befreit wurden. Dafür ist Jesus gestorben, dafür hat er sein Leben gegeben.

**2.** Wenn möglich, den vervielfältigten Text verteilen oder Abschnitt für Abschnitt vorlesen und besprechen.

**?** **„Welcher Bibelvers ist Dir besonders wichtig und warum?"**
(von der ersten vervielfältigten Seite)
In Kleingruppen dazu beten.

**3.** Die zweite kopierte Seite lesen.
In Kleingruppen sprechen mit der Frage:

**?** **„Jesus, was willst Du jetzt?"** und dazu beten.

**4. Aufgabe:** In den nächsten Tagen eigene Erfahrungen mit dieser Frage machen.
Beim nächsten Mal darüber berichten.

Wenn der Leiter wieder allein ist: Dank und Fürbitte

## WIE KANN ICH DEN WILLEN GOTTES ERKENNEN?

„Frage doch zuerst nach dem Willen des Herrn." 2. Chronik 18,4
„Wohl allen, die auf ihn harren …Er wird dir antworten, sobald er's hört." Jesaja 30,18 und 19
Wenn wir gegen Gottes Willen leben, gilt: „Seine Ohren sind nicht hart geworden, so daß er nicht hören könnte, sondern eure Verfehlungen scheiden euch von eurem Gott." Jesaja 59,1 und 2
Der Geist der Wahrheit „wird euch in alle Wahrheit führen." Johannes 16,13
„Wehe den Abtrünnigen, die ohne mich Pläne machen und befragen meinen Mund nicht." Jesaja 30,1 und 2


### I. VORBEREITUNG

1. Lebe mit Jesus Christus, mit seinem Wort und in seiner Gemeinde.
Ihr seid „berufen zur Gemeinschaft mit seinem Sohn Jesus Christus." 1. Korinther 1,9
2. Bitte ihn konkret um Vergebung, wo Du Deinem eigenen Willen folgtest. „Das Trachten des Eigenwillens bedeutet Feindschaft gegen Gott." Römer 8,7
3. Liefere Dich neu Deinem Retter und Herrn Jesus Christus aus.
4. Vertraue Jesus, daß Du seine Stimme hören wirst, denn er hat gesagt: „Meine Schafe hören meine Stimme." Johannes 10,27
5. Übergib ihm ausdrücklich deine Wünsche und Hoffnungen. „Nimm Isaak, deinen einzigen Sohn, den du liebhast, und opfere ihn." 1. Mose 22,2
6. Liefere ihm die Furcht aus, daß er Dich anders führen könnte, als Du es möchtest. „Wir wissen, daß denen, die Gott lieben, alle Dinge zum Besten dienen." Römer 8,28
7. Erkläre ihm Deine Bereitschaft, daß Du seinen guten Willen tun willst. „Dein Wille geschehe wie im Himmel so auf Erden." Matthäus 6,10


### II. BETEN UND HÖREN

Nenne im Gebet Deine Frage oder Dein Problem (Aufschreiben ist hilfreich).
Erbitte und erwarte die Weisung des lebendigen Gottes.
„Als ich den Herrn suchte, antwortete er mir." Psalm 34,5

Höre! Z. B. beim Bibellesen, durch Bibelworte, beim Beten, durch „Erkenntnis", durch „Bilder", im Traum. (Es ist hilfreich, aufzuschreiben, was Du hörst.)

## III. PRÜFEN

Prüfe, was Du aufgeschrieben hast. Sei bereit, es bei wichtigen Fragen reifen Christen zur Prüfung vorzulegen.
Prüft, „was Gottes Wille ist." Römer 12,2
1. Ist es zur Ehre Gottes – nicht zu Deiner Ehre oder aus Menschenfurcht?
„Alles, was ihr tut, das tut von Herzen für den Herrn und nicht für Menschen." Kolosser 3,23
2. Entspricht es (oder widerspricht es) der Bibel?
„Dein Wort ist meines Fußes Leuchte und ein Licht auf meinem Weg." Psalm 119,105
„Sie forschten täglich in der Schrift." Apostelgeschichte 17,11
3. Fördert es Liebe?
Baut es auf und ist es vorbildlich (oder erregt es falschen Anstoß)?
„Daran, daß ihr Liebe zueinander habt, wird jeder erkennen, daß ihr meine Jünger seid." Johannes 13,35
„Einer achte den andern höher als sich selbst." Philipper 2,3
4. Hat es Neigung zur Heiligung oder zur Welt?
„Bemüht euch um Heiligung." Hebräer 12,14
„Gleicht euch nicht dieser Welt an." Römer 12,2
5. Was sagt Dein geistlicher Leiter dazu?
„Gehorcht euren Gemeindeleitern und folgt ihnen; denn sie wachen über euch und müssen dafür Rechenschaft geben." Hebräer 13,17
6. Was würde Jesus Christus an deiner Stelle tun?
„Verhaltet euch so, wie es der Gemeinschaft mit Jesus Christus entspricht." Philipper 2,5
7. Hast Du bleibenden Frieden darüber?
„Der Friede Gottes, der höher ist als alle Vernunft, wird eure Herzen und Gedanken bewahren in Christus Jesus." Philipper 4,7

# NICHT SORGEN 1

## Sorgen erkennen

**Vorbereitung:**
- Dank, den Heiligen Geist um Weisheit und Führung bitten, Fürbitte
- Vier Blätter mit je einer Frage
- Filzschreiber

Nach einer Lobpreiszeit oder am Ende: Füreinander beten und auf Erkenntnisse und Eindrücke des Heiligen Geistes warten.

**1.** Das Blatt aufhängen:

**?** „Warum machten sich die Jünger Sorgen?"

Lesen: **Markus 4,35 bis 41**

Zeit zum Nachdenken lassen.

Stichworte zusammentragen und anschreiben.

**2.** Das Blatt aufhängen:

**?** „Warum war Paulus im Sturm sorglos?"

Lesen: **Apostelgeschichte 27,1 bis 26**
Zeit zum Nachdenken lassen.

Stichworte zusammentragen und anschreiben.
(Vor allem zu Vers 26: Er vertraute Gott und seinem Wort, obwohl äußerlich noch nichts zu sehen war.)

**3.** Das Blatt aufhängen:

**?** „Worüber machen sich Menschen Sorgen?"

Stichworte zusammentragen und anschreiben. (Dieses Blatt für das nächste Mal aufheben.)

**4.** Das Blatt aufhängen:

**?** „Warum brauchen sich Christen keine Sorgen zu machen?"

Antworten zunächst aus den beiden Lesungen zusammentragen und anschreiben.

**5. Zusammenfassung** durch den Leiter:
Wir haben uns dies klargemacht, um zu erkennen, unter welchen Sorgenlasten Menschen leben.
Jesus will uns von allen Sorgen befreien.
Er will, daß wir ihm unsere Sorgen abgeben.
Auch für unsere Sorgen gilt:
„Wen der Sohn Gottes frei macht, der ist wirklich frei" (Johannes 8,36)
Das nächste Mal wollen wir lernen, wie wir unsere Sorgen Jesus abgeben können.

**6. Vorlesen**:
**„Auf dem falschen Flughafen"**

Philippa Savile (etwa 5 Minuten)

Ich arbeitete im Südwesten Hollands für die Osteuropäische Bibelmission und wollte zum einundzwanzigsten Geburtstag meiner Cousine nach Hause fliegen. Der nahegelegendste Flughafen war Antwerpen. Dort mußte ich den Bus zum Flughafen nehmen. Ich stieg ein und wunderte mich über die Höhe des Fahrpreises. Doch wenn man in einer fremden Währung rechnet, ist man sich nicht immer sicher. Ich setzte mich und schlief prompt ein.

Im Flughafen ging ich zum Schalter und legte meinen Flugschein vor. Der Angestellte der Fluggesellschaft informierte mich, daß ich mich 40 km vom Antwerpener Flughafen entfernt im Brüsseler Flughafen befand. Ich hatte den falschen Bus erwischt. Der Mann sagte, daß nicht genügend Zeit wäre, um mit dem Taxi zum Flughafen zu fahren. Ich hätte ohnehin kein Geld dafür gehabt, weil ich mein ganzes Geld für diesen Flug ausgegeben hatte. Man sagte mir, daß der Schein nicht umgeschrieben werden könnte und ein neuer Flugschein neunzig Pfund Sterling kosten würde. Meine Reiseversicherung galt auch nicht für derartige Situationen. Ich stand einfach da und betete: „Herr, hilf mir! Was soll ich tun?" Als Antwort hörte ich: „Meine Gnade genügt dir; denn sie erweist ihre Kraft in der Schwachheit."

Ich hörte es klar und deutlich. Es war fast niemand sonst da. Ich stand von meinem Gepäck umgeben mitten im Flughafen und dachte: „Na gut, Herr, wenn du dich darum kümmerst, brauche ich mir ja keine Sorgen zu machen. Ich preise dich für das, was du jetzt tun wirst." Leise begann ich, verschiedene Kirchenlieder zu singen. Eines davon war: „Du bist mein Zufluchtsort". Als ich mich früher auf dem Weg zu meiner Misssionsstelle befand, war ich ziemlich nervös. Aus diesem Grund sang ich damals das Lied fast während des ganzen Fluges vor mich hin. Seitdem singe ich es immer, wenn mich etwas beunruhigt.

Ich stand etwa zwanzig Minuten lang im Gebäude und sang meine Loblieder. Mein Gefühl, daß der Herr etwas unternehmen würde, wurde immer stärker. Plötzlich kam ein Mann zu mir und fragte mich nach meinem Flugschein. Ich wußte nicht, wozu das gut sein sollte, gab ihn aber ab und er verschwand. Als er kurz darauf wiederkam, war ein großer roter Stempel auf meinem Flugschein. Ich fragte ihn, was das zu bedeuten hätte, und er erklärte mir, daß man mich von Brüssel nach Antwerpen fliegen würde! „Nehmen Sie Ihre Koffer und rennen Sie", meinte er und schob mich durch die Paßkontrolle. Über Lautsprecher wurde ausgerufen: Miss Dudgeon (das war mein Mädchenname), bitte kommen Sie sofort zum Flugsteig 52. Ein Flugzeug wartet auf Sie." Ich raste zum Flugsteig 52, ohne zu wissen, was dort passieren würde. Als ich ankam, empfing mich der Pilot, nahm mir meine Koffer aus der Hand und lief mit mir zum Flugzeug. Es war eine Boeing 737 und bis auf mich, und fünf Stewardessen war sie vollkommen leer. Sie sagten, ich könne mich hinsetzen, wo ich wolle. Ich hatte das ganze Flugzeug für mich!

Nachdem ich mich gesetzt hatte, ertönte eine Stimme aus dem Lautsprecher: „Guten Tag, Miss Dudgeon! Hier spricht der Käpt'n. Wir werden sieben Minuten fliegen, ehe wir in Antwerpen landen. Wir wünschen Ihnen einen angenehmen Flug."

Es war wirklich erstaunlich. Ich konnte nur dasitzen und Gott loben. Ich hatte ganz deutlich gehört, als er sagte: „Meine Gnade genügt …"

Ich glaube, er hat es aus mehreren Gründen getan: Niemand ahnte, daß ich zum Geburtstag meiner Cousine kommen würde, doch ich wußte, wie sehr sich meine Familie freuen würde, wenn ich dabei wäre. Das bestätigte mir wieder, daß Gott lebendig ist und zu uns spricht. Er hat es getan, weil er mich lieb hat. Er ist der Gott, der auf Gebete antwortet.

(Aus: M. Elsdon-Dew, Ein Gott, der Leben verändert, Verlag Projektion J)


**7.** Liedvorschlag (auch für die nächsten Male):
**„Du bist mein Zufluchtsort …"**

Wenn der Leiter wieder allein ist: Dank und Fürbitte

# NICHT SORGEN 2

## Sorgen abgeben

**Vorbereitung:**
- Dank, den Heiligen Geist um Weisheit und Führung bitten, Fürbitte
- Ein leeres Blatt für Stichworte und einen Filzstift
- Blatt mit Gliederung des Liebesbriefes
- Drei Bilder
- Schreibblatt und Stifte für jeden
- Die Sorgenliste vom letzten Mal

Nach einer Lobpreiszeit oder am Ende: Füreinander beten und auf Erkenntnisse und Eindrücke des Heiligen Geistes warten.

**1.** Die Sorgenliste und das erste Bild aufhängen.

**2.** Erklären: Man muß unterscheiden zwischen sich
sorgen um jemanden (oder um etwas)
oder: sorgen für jemanden (oder für etwas).
Hier geht es um das erste.

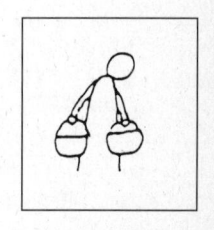

**3.** Lesen: **Matthäus 6,25 bis 34; 1. Petrus 5,7; Philipper 4,6**

**4.** „Warum brauchen wir uns keine Sorgen zu machen?"
Leeres Blatt aufhängen.

Antworten aus den Abschnitten anschreiben.

**5.** „Warum ist es Sünde, sich Sorgen zu machen?"
(z. B. Ungehorsam,
Mißtrauen gegenüber Gottes Liebe,
Fürsorge und Allmacht ...)

**6.** Zweites Bild aufhängen:
Die Sorgen bei Jesus abgeben und ihm überlassen.

## 7. Vorlesen: „Der leere Korb"

Patricia St. John (etwa 6 Minuten)

Bis zum jüdischen Unabhängigkeitskrieg, als Jerusalem in einen jüdischen und arabischen Sektor geteilt wurde, war Herr Maltar Bankdirektor. Als der Krieg ausbrach, waren er, seine Frau und seine neun Kinder im Urlaub und nicht zu Hause und konnten wegen der Kämpfe auch nicht dorthin zurückkehren. So verlor er seinen Arbeitsplatz, sein Haus und sein ganzes Geld. Er und seine Familie waren heimatlos und bald auch bettelarm.

„Jeden Tag ging ich zu der Zweigstelle unserer Bank hier in Ostjerusalem", erzählte er, „aber es wurde kein Geld überwiesen, und sie konnten mir nicht helfen. In unserer alten Heimat hatten wir ein angenehmes Leben geführt. Unseren Kindern hatte es an nichts gefehlt. Doch nun ging unser Bargeld rasch zu Ende, und meine Frau und ich machten uns Sorgen. Später setzten sich dann Hilfsorganisationen für die vielen hundert Flüchtlinge ein, aber damals ging noch alles drunter und drüber. Wir wußten nicht, an wen wir uns um Hilfe wenden sollten.

Doch wir sprachen täglich mit unserm Herrn. Wir lasen uns gegenseitig vor, was er uns versprochen hatte, und wir lasen auch immer wieder unsern Kindern Gottes Verheißungen vor. So lasen wir in den Psalmen: „Selbst starke Löwen leiden oft Hunger; doch wer zum Herrn kommt, findet alles, was er zum Leben nötig hat." Wir lasen Jesaja: „Am Ort des Friedens wird mein Volk leben, in sicheren Wohnungen, an ruhigen, sorgenfreien Plätzen." Vor allem aber vertrauten wir den Worten Jesu: „Sorgt euch zuerst darum, daß ihr euch Gottes Herrschaft unterstellt und tut, was er verlangt, dann wird er Euch schon mit all dem andern versorgen." Ich war ziemlich sicher, daß Gott sein Versprechen halten würde und wir nicht hungern müßten.

Aber ich wollte, daß auch unsere Kinder dieses Vertrauen hätten. Es kam der Tag, an dem wir zum Frühstück den letzten Rest unserer Lebensmittel aßen. Da rief ich die Kinder zusammen. „Kinder", sagte ich, „der Herr hat versprochen zu geben, was wir brauchen. Aber wir haben kein Geld und nichts mehr zu essen. Das wollen wir nun Gott sagen, ihm und keinem sonst. Ich werde dann mit diesem leeren Korb hinausgehen, und ihr bleibt alle zu Hause. Dann werden wir sehen, ob Gott zu seinem Versprechen steht oder nicht."

So standen wir alle um den leeren Korb herum und beteten, und die Kinder merkten, daß dies ein ganz wichtiger Augenblick war. Sie sahen mir nach, als ich mit dem leeren Korb in der Hand die Straße hinunterging. Ich hatte keine Ahnung, wohin ich gehen sollte. So beschloß ich, mich zuerst einmal bei der Zweigstelle meiner Bank zu erkundigen, ob vielleicht doch Geld eingegangen war.

Doch ich erhielt dieselbe Antwort wie schon so oft. Ich wandte mich zum Gehen, da sah ich in der Schlage vor dem Bankschalter einen alten Freund.
„Na, das ist aber eine Überraschung, Maltar!" rief mein Freund, „Was machst du denn hier?"
„Wir haben eine Wohnung in Jerusalem", antwortete ich, „und hier verbrachten wir unsern Urlaub, als der Krieg ausbrach. So konnten wir nicht mehr nach Hause zurückkehren."
„Dann müßt ihr aber ganz schön in Geldnöten stecken", vermutete mein Freund. „Sag mal, wie kommt ihr denn zurecht?"
Ich war drauf und dran, ihm von unserer schlimmen Lage zu berichten, da fiel mir ein, was ich unsern Kindern gesagt hatte. Hatte ich nicht versprochen: „Wir wollen es dem Herrn sagen und sonst keinem"? Also versicherte ich meinem Freund, es ginge uns gut, und verließ die Bank mit meinem leeren Korb. Ich wußte nicht wohin ich jetzt gehen sollte, und so setzte ich mich im gegenüberliegenden Park auf eine Bank im Schatten. „Ich habe die Wahrheit gesagt", dachte ich. „Denen, die auf Gott vertrauen, geht es immer gut. Alles wird gut werden."
So saß ich da und starrte zu Boden und wartete. Auf was? Auf ein Wort oder Zeichen vom Herrn. Ich war so in Gedanken versunken, daß ich gar nicht hörte, wie mein Freund von hinten an meine Bank herantrat.
„Du kannst mir erzählen, was du willst, Maltar: mit neun hungrigen Kindern kann es dir überhaupt nicht gutgehen!" meinte er kopfschüttelnd, warf eine Handvoll Banknoten in den leeren Korb und ging weiter. Ich aber stand auf, ging zum Markt, füllte meinen Korb und ging weiter, bis ich ihn fast nicht mehr tragen konnte. Ich kaufte alles, was wir für ein gutes Mittagessen brauchten, und noch viel mehr. Das restliche Geld steckte ich in die Tasche. Dann wanderte ich nach Hause. Es war fast Mittag, und die Kinder warteten am Tor und starrten auf den übervollen Korb.
Wir setzten uns und nahmen unser Mahl ein. Wir gut tat es doch, nach den vergangenen mageren Wochen eine so köstliche Mahlzeit einzunehmen. Aber noch besser war es zu wissen, daß der Herr zu dem steht, was er uns versprochen hat."
(Aus „So groß ist Gott", Patricia St. John, Bibellesebund Marienheide)

**8.** Die Sorgen ausdrücklich in einem **„Liebesbrief an Jesus"** abgeben. Dazu die Gliederung aufhängen:

(Zeit angeben: etwa 15 Minuten)

> **Liebesbrief an Jesus**
>
> Datum, Anrede
> 1. „Liebeserklärung"
> 2. Schuldbekenntnis der Sorgen (konkret und einzeln)
> 3. Übergabe der Sorgen
>
> Unterschrift

**9.** Ermutigen, den Brief vorzulesen.

**10.** Antwort des Leiters mit **1. Johannes 1,9:**
„Wenn wir unsere Sünden bekennen, ist Gott treu und gerecht und vergibt uns die Sünden und macht uns rein von aller Ungerechtigkeit."

**11.** Das dritte Bild aufhängen.

**Psalm 81,7** lesen in dem Gott sagt:
„Ich habe eure Schultern von der Last befreit und eure Hände vom Tragkorb erlöst."

**12. Dankgebete** in Kleingruppen (zu zweit oder zu dritt)

Der Leiter sollte auf die Gefahr hinweisen, daß wir uns unsere Sorgen „zurückholen". Als Hilfe dagegen die **Aufgabe** stellen, täglich für die abgegebenen Sorgen ein Dankgebet zu sprechen:

> „Ich danke Dir, daß Du meine Sorgen übernommen hast. Ich vertraue Dir, daß Du Dich darum kümmerst."

Wenn der Leiter wieder allein ist: Dank und Fürbitte

# NICHT SORGEN 3

## Frei von Sorgen leben

**Vorbereitung:**
- Dank, den Heiligen Geist um Weisheit und Führung bitten, Fürbitte
- Für jeden Zettel und Stift
- Ein leeres Blatt für Stichworte und ein Filzstift

Nach einer Lobpreiszeit oder am Ende: Füreinander beten und auf Erkenntnisse und Eindrücke des Heiligen Geistes warten.

**Zu Psalm 91** (für den Leiter)

Wenn wir diesen Psalm als Garantie-Erklärung für ein Leben ohne Schwierigkeiten und Probleme auffassen, fängt das Diskutieren an und das Infragestellen des Wortes Gottes.
Damit diese falsche Blickrichtung nicht erst aufkommt, kann man zunächst die Schwierigkeiten, die hier genannt werden, heraussuchen und anschreiben.
Es geht darum, daß unsere Probleme und Schwierigkeiten die richtige Einordnung, und wir die richtige Blickrichtung bekommen müssen.
Gott sagt: „ICH bin bei ihm in der Not ... und will ihm zeigen MEIN HEIL." (Vers 15 und 16)
Dieser Psalm steht nicht im Widerspruch zu dem, was z. B. Paulus erlebte: Verfolgung, Verleumdung, Steinigung, Schiffbruch ... (2. Korinther 11,23 bis 28).
Auch das Leiden und Sterben Jesu war kein „Unglück" (Übel) und keine „Plage" (Vers 10).
Für den, der „unter dem Schatten des Allmächtigen bleibt" (Vers 1), gilt im Leben und Sterben: „Wir wissen, daß denen, die Gott lieben, alle Dinge zum Besten dienen" (Römer 8,28).
So können wir mitten in allen Schwierigkeiten in tiefem Frieden und in völliger Sorglosigkeit leben, weil wir Gott vertrauen, daß uns seine Nähe und Liebe durchträgt.
(Siehe dazu auch das Zeugnis „Der Unfall" in der 3. Einheit „Loben".)

**1. Austausch**
Über die Erfahrungen seit der letzten Zusammenkunft

**2. Einleitung** des Leiters: Wir werden immer neu von Sorgen angegriffen. Sorgen, die wir schon abgegeben haben, wollen wieder zurückkommen. Neue Sorgen wollen sich einnisten.
Was ist unser Schutz gegen alte und neue Sorgen?

Wir wollen **Psalm 91** lesen und zuerst einmal das herausgreifen, was uns Sorgen und Ängste machen könnte.

Psalm 91 lesen und anschreiben.
(z. B. „Stricke des Jägers" = Verfolgung, Pest ...)

Der Leiter: Hindernisse und Probleme sind für unser Leben notwendig. Gott wählt spezielle Probleme für jeden von uns aus, damit wir lernen, durch seine Gnade zu überwinden. Wir können nur Überwinder werden, wenn es etwas zum Überwinden gibt. Nur so können wir geistlich wachsen. Wir begegnen seiner Liebe und Fürsorge mitten in den Nöten. Wir lernen, ihm zu vertrauen als dem liebenden Vater, auch wenn wir manches nicht verstehen. Er hat versprochen, uns nicht über unsere Kraft auf die Probe zu stellen (1. Korinther 10,13). Wir sollen geistlich stark werden, damit wir in der Endzeit fest stehen können. Dazu gehört die ganz enge, vertrauensvolle Beziehung zu Gott.

3. Vorlesen:
**„Ein Märtyrer unserer Zeit"**

(etwa 4 Minuten)

Mehdi Dibaj, ein iranischer Pastor, kam ins Gefängnis, weil er Jahrzehnte vorher den Islam verlassen hatte und sich zu Jesus Christus bekannte. Neun Jahre lang war er eingesperrt – davon zwei Jahre in Einzelhaft in einer Isolierzelle, die nur 1 mal 1 Meter groß war.
Sein Bischof, Haik Hovsepian, schmuggelte die Nachrichten über ihn außer Landes und weltweit wurde in all den Jahren für Mehdi Dibaj gebetet. Schließlich wurde er aber doch zum Tod verurteilt. Viele Gebete und internationale Proteste bewirkten im letzten Augenblick seine Entlassung. Aber drei Tage später wurde sein Bischof ermordet. Ein halbes Jahr später wurde auch Mehdi Dibaj auf der Straße ermordet. Auf die vielen Protestschreiben an die Regierung kam die Antwort, sie hätte damit nichts zu tun. Kurz nach seiner Haftentlassung im Januar 1994 kam es zu einem Interview mit Mehdi Dibaj. Daraus einige Auszüge:
„Im Alter von sechs Jahren erhielt ich ein Traktat mit dem Titel „Gott hat

gesprochen". Das sprach zu meinem Herzen. Und im Alter von 15 Jahren war ich in den Herrn Jesus Christus verliebt. Seitdem gab es für mich nur ein Ziel: Ihn zu erkennen und in seiner Gnade zu wachsen. In einem christlichen Buchladen gab ich später den Leuten das gleiche Traktat weiter. Ich durfte mitverfolgen, wie Gott durch seine Gnade in Jesus Christus, unserem Herrn, Leben verändert. Ich hatte außerdem das Vorrecht, dem Herrn durch evangelistische Rundfunksendungen zu dienen und in 8 Jahren die gesamte Bibel sprachlich zu überarbeiten.
Ich liebe den Herrn, wie gütig er doch ist, so gut, so voller Gnade ist unser Gott. Segen und Ehre und Herrlichkeit Gott dem Vater, Jesus Christus, dem Sohn Gottes und dem Heiligen Geist, unserm Tröster. Ich danke Gott, daß er mich 9 Jahre und 7 Tage im Gefängnis behütet hat und danke Gott für meine Brüder und Schwestern auf der ganzen Welt, daß sie für mich gebetet, gefastet und mich gestützt haben bis ich schließlich freikam.
Ich danke Gott für die Zeit im Gefängnis. Wie wunderbar waren diese Tage. Sie waren die besten meines Lebens. So eng vertraut mit dem Herrn den Weg zu gehen in wirren, sorgenvollen Zeiten. Möge der Herr euch segnen, euch Gnade gewähren, um für ihn zu leiden. Denn das war das Ziel des Paulus: Christus zu erkennen, für ihn zu leiden und so auch an seiner Auferstehung teilzuhaben. Der Herr benutzt alles zu unserer Erziehung und unserm Wachstum. In seine machtvolle Hand und unter sein Joch bin ich gekommen, in seinen Dienst, seine Schule, seine Gemeinschaft, ins Jubeln vor ihm. Ich habe immer dafür gebetet, daß der Herr durch meine Gefangenschaft seinen Namen verherrlicht.
Vor Jahren im Seminar hatte ich einen Freund. Wenn er einen Brief von seiner Verlobten erhielt, las er ihn sofort in der Bibliothek oder im Schulzimmer oder irgendwo auf dem Weg. Ich dachte, wenn schon ein Brief von einer Verlobten so köstlich ist, wieviel mehr ist es dann das Wort Gottes. Als ich noch jung war und mit meiner Verlobten zusammensein konnte, war es ganz egal wo: Wir waren im Himmel. Der Ort spielte gar keine Rolle. Hauptsache, ich war mit ihr zusammen.
Das ist das Entscheidende, daß wir mit dem Herrn zusammen sind, wo immer wir hingehen. Wenn er mit uns ist, dann ist das Gefängnis der Himmel, das Paradies. Ich bin dem Herrn so dankbar dafür. Es ist wirklich so: Die beste Zeit meines Lebens war die im Gefängnis, weil ich dort mit dem Herrn war – ganz, ganz nahe bei ihm. Wo der Herr mit uns ist, da ist das Paradies. Preis dem Herrn, Ehre seinem Namen. Er ist wunderbar und treu. Halleluja. Amen."
(Interview-Kassette von „Offene Grenzen")

**?** **4. „Was ist unser Schutz gegen alte und neue Sorgen?"**
**Psalm 91** noch einmal lesen
(evtl. in einer anderen Übersetzung).

In drei Kleingruppen die **Verheißungen** unterstreichen.
1. Gruppe: die Verse 1 bis 8
2. Gruppe: die Verse 9 bis 13
3. Gruppe: die Verse 14 bis 16

5. Jede Gruppe berichtet über die Verheißungen, die sie unterstrichen hat.

6. Gottes Verheißungen sind immer an Bedingungen geknüpft.

**?** **„Welche Bedingungen gehören zu diesen Verheißungen?"**
Jede Gruppe sucht die Bedingungen heraus.
(Gruppe eins z. B.: Der Höchste wird mich beschirmen, wenn ich bei ihm „sitze", wenn ich ganz nah bei ihm „bleibe".)

**?** **7. „Welche Verheißung soll in der nächsten Zeit mein Schutz gegen alte und neue Sorgen sein?"**

Zettel und Stifte ausgeben.
Jeder schreibt sich seine **Verheißung**
und die dazugehörige **Bedingung** auf seinen Zettel.

**8.** In Kleingruppen (zu zweit oder zu dritt) mit diesen Verheißungen konkret gegen Sorgen **beten** und Gottes Macht und Sieg darüber ausrufen.

**9. Verabreden**, daß jeder seine Verheißung in der nächsten Zeit „einsetzt", sie auf mehrere Zettel schreibt und z. B. in der Wohnung, am Arbeitsplatz und im Auto aufhängt.
Mehrfach täglich lesen und dazu beten.
Beim nächsten Mal soll darüber berichtet werden.

Wenn der Leiter wieder allein ist: Dank und Fürbitte

# NICHT SORGEN 4

## Der Zehnte

**Vorbereitung:**
- Dank, den Heiligen Geist um Weisheit und Führung bitten, Fürbitte
- Den Artikel „Der Zehnte – ein Segen" zur eigenen Vorbereitung lesen:


**Der Zehnte – ein Segen**

(Peter Gleiss)

Gott hat mich dahin geführt, daß ich ein neues Verhältnis zum Geld bekam und ihm nun den „Zehnten" gebe. Von den Schritten dahin will ich berichten.

Voraussetzung: Auslieferung an Jesus Christus

Es beginnt ein ganz neues Leben, wenn wir Jesus Christus die Herrschaft über unser Leben übergeben. Ja, wir bitten ihn, in unser „Lebenshaus" einzuziehen und erkennen ihn als das Oberhaupt an. Wir überlassen ihm einen Raum nach dem andern. In der ersten Zeit entdecken wir noch Türen, die wir ihm bisher noch nicht geöffnet haben. Aber dann schließen wir auch diese Türen auf und lassen ihn hinein. Es gibt ja nichts Besseres, als daß er wirklich die Herrschaft ganz übernimmt. Wir erklären ausdrücklich, daß wir alles, was wir tun mit Worten und Werken, zu seiner Ehre tun wollen (Kolosser 3,17).

Keiner sprach vom Geld

Eines Tages fiel mir auf, daß die Frage des Geldes nirgendwo in der Gemeinde zur Sprache kam. Nur vor der Sammlung einer Kollekte wurde kurz davon gesprochen. In unseren Großkirchen ist die Frage des Geldes unmißverständlich geregelt. Jeder, der Einnahmen hat, zahlt von seiner Lohn- oder Einkommensteuer 8 oder 9 % an Kirchensteuer. Aber es scheint ein ungeschriebenes Gesetz zu sein, eine stillschweigende Übereinkunft, daß mein neues Leben in Christus und mein Geld nichts miteinander zu tun haben.

Kirchensteuer statt „Zehnter"

Im Laufe der Zeit lernte ich, auch in Sachen des Geldes genauer hinzusehen und dabei entdeckte ich, daß weniger als die Hälfte von denen, die offiziell in einer Kirche eingetragen sind, Kirchensteuern bezahlen, weil eben auch nur weniger als die Hälfte ausdrücklich dem Staat Lohn- oder Einkommensteuer zu zahlen haben. In unserem Lande ist es seit der Weimarer Republik so geregelt, daß das Geld für die Kirche von den einzelnen

Mitgliedern aufgebracht wird und die Höhe der Kirchensteuer von der staatlichen Steuergesetzgebung abhängig ist. Z. Zt. heißt das: In 5 Bundesländern sind 8 % und in den anderen Bundesländern 9 % von der Lohn- und Einkommensteuer als Kirchensteuer zu zahlen. Eines Tages setzte ich mich hin und rechnete zum ersten Mal aus, wieviel Prozent meines Bruttoeinkommens ich als Kirchensteuer zahle. Ich war überrascht, wie gering dieser Betrag im Laufe des Jahres ist: viel weniger als 1 % (bedingt durch unsere vielen Kinder). Und so entdeckte ich im Laufe der Zeit, daß die Kirchensteuer mit dem „Zehnten" nichts zu tun hat und daß der „Zehnte" in den Großkirchen unbekannt ist.

Erfahrungen anderer Christen

Ich hatte das auch in der Bibel bisher überlesen. Ich war nie auf den Gedanken gekommen, daß die Berichte der Bibel über den Zehnten für heute eine Bedeutung haben könnten. Ich staunte über die Erzählungen aus den Bereichen der Freikirchen und hörte sogar von Christen, die in einer Aufbruchssituation folgende Regel befolgten: 10 Familien schlossen sich zusammen und gaben von ihren Einnahmen den Zehnten. Damit stellten sie einen vollzeitlichen Mitarbeiter für ihre kleine Gemeinde ein. Dieser Vollzeitmitarbeiter gab ebenso den Zehnten, mietete damit einen Versammlungsraum an, und dann wurde gemeinsam missioniert.

Zu diesem Bericht kamen noch erstaunliche Erzählungen, z. B. Einzelheiten aus dem Leben von Georg Müller (gest. 1898), der, völlig mittellos, eine immer größer werdende Waisenhausarbeit in England anfing und sich dabei allein auf Gott verließ und nur ihn, aber nie Menschen, um Geld bat. Er hat für die Arbeit, die er im Namen Jesu Christi tat, immer wieder den ganz großen Segen Gottes erfahren dürfen. Und es blieb nicht bei Berichten aus dem vorigen Jahrhundert, sondern inzwischen begegnete ich Menschen, die auch heute ganz selbstverständlich den „Zehnten" und oft noch viel mehr geben und dabei erfahren, daß Gott sie versorgt. Ich entdeckte, daß Gott in seinem Reich eine eigene, besondere Finanzverwaltung hat zur Segnung aller, die daran beteiligt sind. Und dann erst begegnete ich der ersten Schrift zu diesem Thema: „Der Zehnte" von Aril Edvardsen, Norwegen. Das wurde zu einer weiteren Weichenstellung meines Lebens.

Die Aussagen der Bibel zum Geld

Immer wichtiger wurde mir die Frage: Was sagt die Bibel vom Geld, nicht nur vom Zehnten? Wer Jesus nachfolgen will, hat alles zu verlassen, und die Jünger tun das (Matthäus 19,27). Wer die kostbarste Perle und den wichtigsten Schatz (das wirkliche Leben bis in Ewigkeit) haben will, wird mit Freude alles andere abgeben (Matthäus 13,44 bis 46).

Wer wirklich Gott gegenübersteht, wird seinen ganzen Unterhalt, seine ganze Existenz ausliefern – wie es die Witwe mit ihrem Opfer tat (Markus

12,41 bis 44). Und so ist es nicht verwunderlich, daß nach Pfingsten die erste neue, große Gemeinde in Jerusalem alles zusammenlegt und keiner mehr sagt, daß sein bisheriger Besitz ihm gehört (Apostelgeschichte 2,44; 4,35). Zu alledem ist es aber auch kein Widerspruch, daß Paulus, der sich Jesus Christus mit Haut und Haaren ausgeliefert hat, weiterhin mit seinen Händen arbeitet, um niemandem zur Last zu fallen. „Wir mühen uns ab mit unserer Hände Arbeit" (1. Korinther 4,12). „Tag und Nacht arbeiten wir, um niemandem unter euch zur Last zu fallen" (1. Thess. 2,9). Ebenso wird es in Apostelgeschichte 18,3 und 20,34 beschrieben. Nur von Gemeindegliedern der Gemeinde in Philippi läßt er sich finanziell ausdrücklich unterstützen (Philipper 4,10 bis 18). Paulus läßt sich also weiterhin auf seinen Reisen auf das normale Finanzverhalten der Welt ein. Er hat sich ganz Jesus Christus ausgeliefert. Das schließt aber nicht aus, daß er arbeitet, Geld braucht und einnimmt und es für die Missionsreisen gebraucht. Er setzt sich auch für die Gemeinden ein, die in Armut sind, und regt für diese Gemeinden eine große Sammlung in Mazedonien und Korinth an (1. Korinther 16,1 bis 4 und 2. Korinther 8,1 bis 15).

Was hat das mit meinem Leben und meinem Geld heute zu tun? Zur Frage des Geldes wurde mir das Gleichnis von der Perle, wie es J. C. Ortiz erzählt hat, zur Schlüsselgeschichte:

*Ein Perlensucher suchte überall auf der Welt nach der kostbarsten Perle. Eines Tages fand er sie: schöner und kostbarer, als er es sich je hätte träumen lassen. Als er sie anschaute, wurde er traurig, denn es war ihm klar, daß er sie nie besitzen könnte. Dazu hatte er nicht genug Geld. Der Besitzer der Perle erkannte sein Problem und sagte: „Du kannst diese Perle haben." – „Aber ich kann sie doch niemals bezahlen." – „Doch: Du brauchst mir dafür nur das zu geben, was du hast. Das ist der Preis für diese Perle. Willst du das?" Der Mann bejahte freudig. Der Perlenbesitzer fragte: „Was hast du denn?" – „O, gar nicht viel, etwas auf dem Konto – was man so als Reserve hat." – „Nun gut," sagte der Perlenbesitzer, „dann gehört das jetzt mir. Hast Du noch etwas?" – „Na ja, ein bißchen Bargeld, was man so in der Tasche hat." – „Gut, dann gehört mir das jetzt auch. Hast Du noch etwas?" – „Nein, ich wüßte nicht." – „Wo wohnst Du denn?" – „In unserm Haus." – „Ach, ein Haus hast Du? Dann gehört mir das jetzt." – „Sollen wir denn in unserm Wochenendhäuschen wohnen?" – „Also, ein Wochenendhäuschen hast Du auch? Das gehört mir dann auch." – „Wo sollen wir denn nun schlafen? Etwa in unserm Wohnwagen?" – „Einen Wohnwagen und ein Auto hast Du auch?" – „Ja, aber kein besonderes." – „Dann gehört mir das jetzt auch." – „Dann steh*

*ich ja mit meiner Frau und den beiden Kindern auf der Straße." – „Die gehören mir auch." – "Dann bin ich ja nur noch ganz allein übrig." – „Ja, und Du gehörst mir jetzt auch. Hier hast Du die Perle. Freu Dich daran! Und jetzt hör zu: Du darfst weiter in meinem Haus, das Dir vorher gehört hat, wohnen – als mein Verwalter. Du darfst auch mit Deiner Frau zusammenleben. Denk daran: Sie gehört mir und es ist ebenso meine Ehe. Auch die beiden Kinder vertraue ich Dir an. Lebe jetzt nach meinen Regeln mit Deiner Frau und Deinen Kindern zusammen.*
*Auch das Auto, den Wohnwagen, das Wochenendhaus und das Bankkonto vertraue ich Dir an. Das alles übergebe ich Dir als meinem Verwalter. Du selbst und alles gehört mir.*
*Ich werde alles nach meinen guten Plänen einsetzen. Freu Dich an der Perle. Freu Dich an mir."*
(nach Matthäus 13,45 und 46)

Erste eigene Erfahrungen

Diese Geschichte war der Anfang meines neuen Verhältnisses zum Geld. Jesus Christus setzte mich zum Verwalter über sein Eigentum ein. Und damit begann noch einmal ein ganz neuer Abschnitt meines Lebens. Erste Erfahrungen betrafen „mein" Auto; als ich damit einmal zur Reparaturwerkstatt mußte, „lieh" mir ein Christ „sein" Auto. Ich konnte es annehmen, ohne zu überlegen: „Wie mache ich das wieder gut?" Das Gespräch mit dem Autobesitzer darüber ergab, daß auch er es mir zur Verfügung stellte, ohne überlegen zu müssen „Wie ist das nur möglich, darf ich das, kann ich das, muß ich das?" Wir erkannten beide mit Freude, daß beide Autos zu dem großen Fuhrpark unseres gemeinsamen Chefs gehören.

Als ich eines Tages zur Sparkasse ging, um Rechnungen zu überweisen und Geld abzuholen, schoß mir zum ersten Mal durch den Kopf: Nun bin ich gespannt, wieviel „ER" auf „seinem" Konto hat. Das war für mich der Beginn, zum ersten Mal den zehnten Teil „meines Einkommens" ausdrücklich für die Arbeit im Reich Gottes zur Verfügung zu stellen. Von Anfang an wunderte ich mich, daß dies möglich war, ohne daß die Familie es zu spüren bekam. Dann begannen auch andere Christen in unserer Umgebung, den „Zehnten" zu geben, und einer nach dem anderen machte die Erfahrung, wie leicht ihm das fiel, und wie gut es war zu sehen, daß dieses Geld an einigen Stellen die Ausbreitung des Reiches Gottes wesentlich förderte. Hausfrauen begannen, von dem Geld, das ihnen der Ehemann als Haushaltsgeld zur Verfügung stellte, den Zehnten zu geben. Schüler hielten von ihrem kleinen Taschengeld den Zehnten zurück und lieferten ihn aus. So begann bei uns das Gespräch über den „Zehnten", und wir tauschten unsere Erfahrungen aus.

Unser ganzes Verhalten dem Geld gegenüber hatte sich geändert. Wir konnten unbeschwert dem zustimmen, was Haggai sagt: „Mein ist das Silber und mein ist das Gold, spricht der Herr Zebaoth" (2,8). Wir erfuhren sogar sehr schnell den Segen des Zehnten. Wie freuten wir uns, als ein Mann berichtete: „In diesem Jahr habe ich zum ersten Mal den Zehnten regelmäßig gegeben und meine Einkommensteuererklärung ehrlich ausgefüllt, und ich bekam mehr zurück als in allen Jahren vorher."

Mißverständnis

Es stimmt: Der „Zehnte" spielt im Neuen Testament keine besondere Rolle, aber es war für die Menschen des Neuen Testamentes selbstverständlich, daß sie viel Geld zur Verfügung stellten. Ebenso ist klar, daß durch den Zehnten oder durch andere Beträge das Himmelreich nicht verdient werden kann. Wer den Zehnten Gott aushändigt, gibt ihm das, was ihm schon immer gehört. Es wird uns leicht sein, den Zehnten zu geben, wenn wir schon vorher nicht in den Fehler verfallen sind zu meinen, das sei unser Geld. Wenn Jesus Christus alles Geld gehört, dann soll das durch meinen Zehnten zum Ausdruck kommen: Er soll erkennen können, daß ich es mit meinem Bekenntnis, ihm ganz und gar zu gehören, auch ernst meine. Er wird mich bestimmt nicht hindern, im Laufe der Zeit auch mehr zu geben, und Georg Müller berichtet von Menschen, die 10, 20, 50, 70 oder sogar 100 % ihrer Einnahmen für das Reich Gottes zur Verfügung stellten.

Fangen Sie an!

Wir haben an dieser Stelle noch ein weites neues Land vor uns.

Ich schlage Ihnen vor, das Folgende auch zu Ihrer Erklärung zu machen: Ich gebe von jetzt an den Zehnten von meinem Einkommen für Gottes Reich. Ich mache mir keine Sorgen mehr, was aus mir, meiner Familie und meinen Plänen dabei werden könnte. Es liegt mir daran, Gott die Ehre zu geben und daß viele Menschen gerettet werden. Ich werde für andere ein Segen sein.

Nach einer Lobpreiszeit oder am Ende: Füreinander beten und auf Erkenntnisse und Eindrücke des Heiligen Geistes warten.

**Erfahrungen** mit der Verheißung der letzten Woche.

**?** 1. „Wer weiß, was in der Bibel der Zehnte bedeutet?"
Zusammentragen – keine Diskussion.

2. Lesen: Maleachi 3,6 bis 11
(Wenn nicht alle dieselbe Übersetzung haben, können auch verschiedene Übersetzungen vorgelesen werden).

**?** „Was ist dir besonders wichtig und warum?"
Stille und Austausch.

3. Den Artikel **„Der Zehnte"** von Aril Edvardsen vorlesen.

**?** 4. „Wer hat schon Erfahrungen damit gemacht, den Zehnten zu geben?"
Berichten lassen.

5. **Vorlesen:** „Ein Perlensucher"
(aus dem Artikel von P. Gleiss: „Der Zehnte – ein Segen")

Sachfragen dazu beantworten. „Heiße Fragen" zurückstellen. Vielleicht sind sie nach den beiden Zeugnissen (6.) beantwortet. In der Regel geht es um das Nettoeinkommen. Bei Nichtberufstätigen geht es um das Taschen- oder Geburtstags- oder Haushaltsgeld oder um die Rente. Es geht nicht um den Verdienst eines Ehepartners, der sein Leben noch nicht Jesus übergeben hat. Wenn wir Gott seinen Zehnten geben, drücken wir ihm unsere Liebe und unser Vertrauen aus. Keine Situationen konstruieren! Sie lenken von der göttlichen Beunruhigung ab. Mark Twain sagte: „Mich beunruhigen nicht die Bibelstellen, die ich nicht verstehe. Mich beunruhigen die Stellen, die ich verstehe."

**6. Zwei Zeugnisse:**
1. „Der Zehnte – ein Risiko?"
2. „An der Existenzgrenze"


**7. Wohin soll ich meinen Zehnten geben?**
Das „Gießkannen-Prinzip" ist nicht gut („überall ein bißchen"). „Wo euer Schatz ist, da ist auch euer Herz" (Matthäus 6,21). Dies kann auch hierbei helfen.
Der Zehnte ist dazu bestimmt, das Reich Gottes auszubreiten und zu unterstützen. Darum gehört er nicht in eine weltliche oder soziale Organisation.
In freien Gemeinden gehört der Zehnte in die Gemeinde, die dann weiter darüber zu entscheiden hat.
Der Leiter sollte bereits vor dieser Einheit durch Gebet für sich selbst Klarheit haben, wohin sein eigener Zehnter geht. Er kann es aussprechen und dazu noch einige andere gute Organisationen von Christen mit kurzen Worten vorstellen.
Oder der Leiter besorgt sich vorher Informationsmaterial über verschiedene Gruppen und verteilt es an Interessierte, die beim nächsten Mal kurz darüber berichten.


**8. Hausaufgabe**: TUN, was wir gehört haben. Jakobus 1,22 vorlesen: „Seid aber Täter des Wortes und nicht nur Hörer, denn sonst betrügt ihr euch selbst."
Das Geben des Zehnten nicht aufschieben, sondern in dieser Woche tun. Jeder soll Gott fragen, wohin er seinen Zehnten geben soll.


**9. Gebete** in Kleingruppen (zu zweit oder zu dritt)
Wenn der Leiter wieder allein ist: Dank und Fürbitte


## Der Zehnte – ein Risiko?

Dorothee Gleiss (etwa 3 Minuten)
Mein Mann und ich bekamen bei einer Tagung eine Schrift über den Zehnten geschenkt und waren sehr gespannt, sie zu lesen. Wir kannten zwar den Begriff „der Zehnte", wußten aber nicht, was das eigentlich beinhaltete. Auf der Heimfahrt im Auto las ich sie meinem Mann vor. Dabei fing mein Herz an zu brennen in dem Wunsch, Gott gehorsam zu sein, ihm ganz zu

vertrauen und ihm das zu geben, was ihm zusteht und was wir ihm aus Unwissenheit vorenthalten hatten. Mein Mann war offensichtlich auch angerührt, aber eher beunruhigt. Als ich begeistert vorschlug, sofort anzufangen, den Zehnten zu geben, war er fast ein bißchen aufgebracht. „Wie sollen wir das nun auch noch schaffen mit unserem Gehalt und der Ausbildung der Kinder? Wir kommen doch sowieso schon immer nur knapp über die Runden!" war seine Antwort. Wenn er sich vielleicht doch dazu bereit erklären sollte, dann durfte ich jetzt nicht mit Intensität argumentieren, sonst würden alle Klappen zugehen, das wußte ich. Also sagte ich so sanft und locker wie möglich: „Wir können es ja mal einen Monat oder auch ein paar Monate probieren. Wenn's nicht klappt, dann können wir es ja immer noch lassen." Und leise betete ich darum, daß Gott ihn bereit machen sollte zu diesem „Risiko". Und er machte ihn bereit. Gott segnete das Vertrauen und den Gehorsam dadurch, daß er uns weiter loslöste von dem Vertrauen auf irdischen Besitz, daß er uns größere Erfahrungen mit ihm schenkte und daß er uns außerdem noch ein besseres Auskommen mit dem gleichen Gehalt gibt. Wir verstehen nicht, wie das „funktioniert", denn inzwischen geben wir längst mehr als den Zehnten und haben trotzdem keine finanziellen Probleme. Aber wir erleben, daß wir einen Vater haben, der für uns sorgt und unser Vertrauen und unsere Liebe zu ihm wachsen läßt; und wir durften sogar schon etwas davon sehen, wie Gott dieses Geld zum Segen für andere werden ließ.

### „An der Existenzgrenze"

(etwa 2 Minuten)

Ein junges Ehepaar lernte einen Christen kennen, der in ihrer Nähe Urlaub machte. Sie faßten Vertrauen und erzählten ihm ein Problem. Ihre finanzielle Situation hatte sich so sehr verschlechtert, daß sie sich an der Existenzgrenze befanden. Darum hatten sie gerade beschlossen, vorläufig den Zehnten nicht mehr zu geben. Sie erwarteten, von ihm darin bestätigt und bestärkt zu werden.
Er antwortete: „Ich sage euch nicht, daß ihr den Zehnten geben müßt. Ich sage euch auch nicht, daß ihr ihn nicht geben müßt. Ich kann euch nur sagen, was ich an eurer Stelle tun würde. Ich würde sagen: „Vater im Himmel, ich bin dein Kind. Du hast mich lieb, das weiß ich. Ich habe dich auch lieb, und darum werde ich dir weiter deinen Zehnten geben, nicht, weil es ein Gesetz ist, sondern aus Liebe. Ich vertraue dir, daß du für mich und meine Familie sorgst."
Das war alles, mehr sagte er nicht. Ein Jahr später begegnete er diesem Ehepaar wieder. Er fragte sie: „Wie sieht eure finanzielle Lage aus?" „Es

ist alles in bester Ordnung. Wir haben nie aufgehört, den Zehnten zu geben."

## „Der Zehnte"

Aril Edvardsen (etwa 24 Minuten)

Diese Schrift sollte von den Christen aller Konfessionen gelesen werden. Nur diejenigen, für die Jesus Christus die höchste Autorität in allen Lebensbereichen ist, können sie verstehen und bejahen. Wird der Inhalt dieser Schrift in die Tat umgesetzt, bringt das Segen für den Einzelnen und für alle Gemeinden. Es werden Möglichkeiten zur Aussendung von hunderten von Missionaren geschaffen. Neue Mittel zur Unterstützung von Tausenden von Mitarbeitern und Evangelisten im eigenen Land werden zur Verfügung stehen.

**Gottes Eigentum**

Genau wie die Steuern, die wir zahlen, dem Staat zustehen, so stehen 10 % unseres Einkommens dem lebendigen Gott zu.

Die Bibel sagt uns: Unser Einkommen und alles, was wir haben, kommt von Gott, ja sogar unser eigenes Leben.

Im Verlauf der Geschichte der Bibel von den ersten Patriarchen an, bis zu denen, die unter der Führung der Gesetze Gottes stehen und schließlich bis zu denen, die vom Evangelium bestimmt sind, ist es festgelegt, daß ein Zehntel unseres Einkommens Gott auszuhändigen ist. Es ist schlimm, daß Tausende von Menschen nicht wissen, daß sie sich Gottes Eigentum aneignen.

Hören Sie, was die Bibel sagt: „Ist es recht, daß ein Mensch Gott betrügt, wie ihr mich betrügt? Ihr aber sprecht: Womit betrügen wir dich? Mit dem Zehnten!" (Maleachi 3,8)

Der amerikanische Prediger F.F. Bosworth schreibt dazu: Den Zehnten zu bezahlen, heißt nicht, irgendetwas zu spenden. Jesus gebrauchte niemals das Wort „spenden", wenn er vom Zehnten sprach, sondern das Wort „bezahlen". Würden wir Gott den Zehnten „spenden", müßte das Geld ja zuerst unser Eigentum sein. Die einzige Möglichkeit, Gott den Zehnten zu „spenden" wäre, ihm zuerst den Zehnten wegzunehmen, da der Zehnte ja schon immer Gottes Eigentum war.

Wenn Sie es unterlassen, Gott den Zehnten zu bezahlen, werden Sie schuldig. Wir müssen uns fragen lassen: „Ist es recht, daß ein Mensch Gott betrügt?" (Maleachi 3,8a).

Der verstorbene Professor Hallesby aus Oslo lebte in der Vorstellung, er würde Gott sehr viel geben, bis er eine Aufstellung machte und sah, wieviel er wirklich gab. Er entdeckte, wie wenig es war und änderte es sofort.

Vielleicht leben Sie in demselben Irrtum. Vielleicht geben auch Sie, ohne es zu wissen, Gott zu wenig und fragen auch: „Womit betrügen wir dich?" und Gott antwortet: „Mit dem Zehnten" (Maleachi 3,8).

**Der Verlust des Segens**

Steuerhinterziehung wird bestraft. Gott den Zehnten vorzuenthalten, scheint aber erlaubt zu sein. Wir unterschlagen Gottes Eigentum, ohne uns etwas dabei zu denken. Die Bibel lehrt uns, daß wir Gott den Zehnten nicht unterschlagen können, ohne seinen Segen zu verlieren. Bei Maleachi lesen wir, daß Menschen den Zehnten zurückbehielten. Die Geschenke und Opfergaben entsprachen nicht dem Gebot Gottes. Nur ein kleiner Teil dessen, was ihm zustand, wurde geopfert. „Denn wenn ihr ein blindes Tier opfert, so haltet ihr das nicht für böse; und wenn ihr ein lahmes oder ein krankes opfert, so haltet ihr das auch nicht für böse. Bring es doch deinem Fürsten (dem Staat)! Meinst du, daß du ihm gefallen werdest oder daß er dich gnädig ansehen werde? spricht der Herr Zebaoth" (Maleachi 1,8). Und ihr sprecht: „Siehe, welch eine Mühsal!" (das heißt, Gott Opfergaben zu geben) und bringt mich in Zorn, spricht der Herr Zebaoth, denn ihr bringt, was geraubt, lahm und krank ist, und bringt es dar zum Opfer. Sollte mir solches gefallen von eurer Hand? spricht der Herr" (1,13).

Die Bibel sieht es als selbstverständlich an, daß ein Mensch, den Gott freigesprochen und errettet hat, der Gott liebt und seinen Zehnten gibt, gesegnet wird, während der selbstbezogene Mensch, der den Zehnten für sich behält, Gottes Segen verliert. In den Sprüchen Salomos heißt es: „Einer teilt reichlich aus und hat immer mehr, ein anderer kargt, wo er nicht soll, und wird doch ärmer" (11,24).

Ebenfalls lesen wir im 2. Korintherbrief: „Wer kärglich sät, wird auch kärglich ernten, und wer im Segen sät, wird auch im Segen ernten" (9,6).

Stellen Sie Ihr Leben in das Licht des Wortes Gottes. Beschließen Sie, Gott sein Eigentum nicht länger vorzuenthalten. Selbst wenn Sie gerettet sind und unter der Gnade des Herrn leben, schließt diese Gnade nicht aus, daß Sie Gottes Gebot übertreten können. Wir sollen die Gnade nicht mißbrauchen, uns auf ihr ausruhen und weiter Gott ungehorsam sein. In Titus 2,11 und 12 heißt es: „Die Gnade Gottes erzieht uns dazu, der Gottlosigkeit abzusagen und zuchtvoll, gerecht und fromm zu leben." Das Gesetz lehrte uns bereits, Gott den Zehnten zu geben. Wieviel mehr sollte uns die Gnade erziehen, nicht das für uns zu behalten, was Gott gehört, sondern ihm den Zehnten mit Freude zu geben.

**Der Zehnte im Alten Testament**

Viele Christen sind nicht bereit, den Zehnten zu geben, wenn sie darauf angesprochen werden. Sie sagen: „Das ist ein alttestamentliches Gesetz. Außerdem gehört es noch nicht einmal zu den 10 Geboten. Für Christen hat es keine Gültigkeit mehr." Im nächsten Kapitel werden wir sehen, daß es ganz dem Geist und der Lehre des Evangeliums entspricht, Gott den Zehnten zu geben. Gott hat dieses Gebot nie zurückgenommen. Es ist sogar älter als die 10 Gebote und hat seine Gültigkeit durch alle Zeiten behalten. Wo es eingehalten wird, erfahren Menschen großen Segen von Gott.

Bereits 500 bis 600 Jahre vor den 10 Geboten gab Abraham Melchisedek, dem Priester Gottes, den Zehnten von allem (1. Mose 14,20). Und er wurde reich gesegnet.

Ebenso versprach Jakob (etwa 500 Jahre vor den 10 Geboten) in Bethel, als er Gott begegnet war und mit ihm gerungen hatte: „Von allem, was du mir gibst, will ich dir den Zehnten geben" (1. Mose 28,22). Er hielt dieses Versprechen und wurde reich gesegnet.

Mose empfing auf dem Berg Sinai von Gott als sein Gebot auch dies: „Alle Zehnten im Lande, vom Ertrag des Landes und von den Früchten der Bäume, gehören dem Herrn." (3. Mose 27,30 siehe auch 5. Mose 14,22: „Du sollst alle Jahre den Zehnten absondern von allem Ertrag deiner Saat, der aus deinem Acker kommt. )

Zur Zeit Davids und Salomos war es selbstverständlich, Gott den Zehnten zu geben. In den Sprüchen Salomos steht: „Ehre den Herrn mit deinem Gut und mit den Erstlingen (mit den Zehnten) all deines Einkommens, so werden deine Scheunen voll werden und deine Kelter von Wein überlaufen" (Sprüche Salomos 3, 9 und 10).

Entsprechend befiehlt Gott zur Zeit des Propheten Maleachi (etwa 515 vor Chr.): „Bringt aber die Zehnten in voller Höhe in mein Vorratshaus, damit in meinem Hause Speise sei ..." (Maleachi 3,10).

Auch zur Zeit Nehemias (etwa 440 vor Chr.) wurde Gott der Zehnte gegeben. „Da brachte ganz Juda den Zehnten vom Getreide, Wein und Öl in die Vorratskammern" (Nehemia 13,12).

Gott hat den Menschen befohlen, ihm den Zehnten zu geben, von allem, was er von Gott erhalten hat. Er ist es, der uns jeden Tag unsere Gesundheit Kraft und Fähigkeit gibt, unseren Lebensunterhalt zu verdienen. Darum erwartet er von uns ein Zehntel unseres Einkommens.

**Das Evangelium und der Zehnte**

Im vorigen Kapitel haben wir gesehen, daß das Gebot, den Zehnten zu geben, älter ist als die 10 Gebote und während der ganzen Zeit des alten Bundes Gültigkeit hatte. Es behält seine Gültigkeit auch weiterhin, nachdem wir nicht mehr unter dem Gesetz, sondern unter der Gnade Gottes leben.

**Das Gesetz und die Lehre Jesu**

Viele Christen meinen, daß die Gnade Gottes auch die Befreiung von den Geboten gebracht hätte. Jesus hat aber die Gebote nicht abgeschafft, sondern uns zu neuen Menschen gemacht, die durch die Kraft des Heiligen Geistes das Gesetz Gottes durch die Liebe erfüllen sollen.

In der Bergpredigt zeigt Jesus (Matthäus 5), daß das Gesetz durch das Evangelium noch umfassender als im alten Testament zu erfüllen ist. Dazu Zwei Beispiele.

Das Gesetz sagt: „Du sollst nicht morden", aber Jesus sagt: „Wer mit seinem Bruder zürnt, der ist des Gerichts schuldig" (Matthäus 5, 21 und 22). Im Gesetz steht: „Du sollst nicht ehebrechen", aber Jesus sagt: „Wer eine Frau ansieht und sie begehrt, der hat in seinem Herzen schon mit ihr die Ehe gebrochen" (Matthäus 5, 27 und 28). Wir sehen darin, daß der Geist und die Lehre des Evangeliums viel umfassender sind als die Gebote des Gesetzes. Gottes Gnade stellt es uns nicht frei, ob wir die Gebote halten sollen oder nicht. Wir dürfen nicht morden, ja nicht einmal zürnen, nachdem wir unter der Gnade leben. Und so dürfen wir auch nicht aufhören, den Zehnten zu geben, nachdem wir unter der Gnade sind. Jesus Christus hat uns ganz zu seinem Eigentum gemacht und uns von unserer Selbstbezogenheit befreit. Wieviel mehr sollten wir ihm jetzt mit Freude geben, was ihm gehört.

### Was Jesus über die Steuern und den Zehnten sagt

Die Juden zur Zeit Jesu haßten die römische Besatzungsmacht und sträubten sich innerlich, dem Kaiser Steuern zu zahlen. Als die Pharisäer Jesus darüber befragten, antwortete er: „Gebt dem Kaiser, was dem Kaiser gehört und Gott, was Gott gehört" (Matthäus 22,21).

Gott gehört alles! Sollte nicht zunächst der Zehnte dafür der Ausdruck sein?

Einmal weist Jesus die Pharisäer zurecht, weil sie zwar am Wortlaut des Gesetzes festhielten, aber Wichtiges übersahen. Er sagte: „Weh euch, Schriftgelehrte und Pharisäer, ihr Heuchler, die ihr den Zehnten von Minze, Dill und Kümmel gebt, aber euch um das Wichtigste im Gesetz nicht kümmert, nämlich um das Recht, die Barmherzigkeit und den Glauben! Doch das eine sollte man tun und das andere (den Zehnten geben) nicht lassen" (Matthäus 23,23). Damit lehrt Jesus, daß es auch unter seiner Herrschaft selbstverständlich bleibt, Gott den Zehnten zu geben. Wenn schon die heuchlerischen Pharisäer Gott den Zehnten gaben, wieviel mehr sollten das seine Kinder tun, die durch den Heiligen Geist neu geboren sind.

### Mißbrauch des Zehnten

Wer den Zehnten gibt, wie Gott es von ihm erwartet, erkennt damit zugleich Gott als seinen Herrn an: Als den Herrn über sein Leben und also auch über sein ganzes Eigentum. Der Zehnte ist nur der Teil, der als erstes ausdrücklich zur Ausbreitung seines Reiches zur Verfügung steht. Wenn

Gott es fordert, ist ihm auch alles andere zu überlassen.
Es besteht auch hier die Möglichkeit des Mißverständnisses, wenn z. B. jemand den Zehnten gibt und dann meint: die übrigen 9/10 und auch mein Leben gehören mir. Damit kann ich machen, was ich will. Er könnte dann denken: „Ich gebe Gott 1/10 von meinen Einnahmen. Dadurch verpflichte ich ihn, gut für mich zu sorgen und mein Leben zu segnen. Dann wäre sogar mit dem Zehnten Gott die Ehre und Herrschaft abgesprochen. Man würde versuchen, sich mit dem Zehnten von der völligen Auslieferung freizukaufen.
Deshalb geht es als erstes immer darum: Du gehörst Gott ganz! „Ich habe dich erlöst, du bist mein" (Jesaja 43,1). Deshalb sagt Jesus dem reichen jungen Mann: „Verkaufe alles und folge mir nach!" (Matthäus 19,21) Entsprechend erzählt Jesus im Doppelgleichnis vom Bauern, der einen Schatz findet und vom Perlenhändler: „Sie verkauften alles" (Matthäus 13,44 und 45). Und so stehen die Jünger und Paulus ganz für den Dienst zur Verfügung. Wie sollte dann nicht jeder, der sich Gott ganz übergibt, bereit sein, zur Ausbreitung des Evangeliums zunächst mindestens 10 % seiner Einnahmen aus der Hand zu geben. Diese 10 % ebenso wie die übrigen 90 % gehören ja schon längst Gott. Die 10 % sind also die ständige Erinnerung daran, daß Gott alles gehört.
Was hier vom Geld gesagt ist, hat seine Parallele in der Sabbatheiligung: Der eine besondere Tag Gottes ist die Erinnerung daran, daß ihm die ganze Woche, jeder weitere Tag gehört. Und auch hier besteht die Möglichkeit des Mißbrauchs: Ich halte mich für einen guten Christen, wenn ich zum Gottesdienst gehe. Im übrigen plane und führe ich mein Leben nach meinen eigenen Vorstellungen. Ich kaufe mich frei durch EINE Stunde am Sonntag und meine dann, das Recht zu haben, über alle anderen Stunden selbst zu bestimmen.
So ist für die meisten Christen in der BRD das ganze Kapitel des Geldes offenbar dadurch gelöst, daß ein Bruchteil des Zehnten (nämlich die Kirchensteuer) regelmäßig eingezogen wird. Und wer keine Steuern zahlt, folglich auch keine Kirchensteuern, beschränkt sich auf gelegentliche Kollekten. Daß Gott aber alles Geld (auch die Rente), alles Eigentum und sogar mein Leben gehört, kommt nicht in den Blick.

**Der Segen des Zehnten**

„Bringt aber die Zehnten in voller Höhe in mein Vorratshaus, auf daß in meinem Hause Speise sei, und prüft mich hiermit, spricht der Herr Zebaoth, ob ich euch dann nicht des Himmels Fenster auftun werde und Segen herabschütten die Fülle. Und ich will um euretwillen den „Fresser" bedrohen, daß er euch die Frucht auf dem Acker nicht verderben soll und der Weinstock auf dem Felde euch nicht unfruchtbar sei, spricht der Herr Ze-

baoth. Dann werden euch alle Heiden glücklich preisen, denn ihr sollt ein herrliches Land sein, spricht der Herr Zebaoth" (Maleachi 3, 10 bis 12). Wenn das Volk Gottes ihm den Zehnten gibt, das, was ihm zusteht, so wird immer genug für die Ausbreitung des Evangeliums da sein, und jeder wird gesegnet. Als Israel zur Zeit des Königs Hiskia Gott den Zehnten gab, hatte es Überfluß an allem und großen Segen (2. Chronik 31, 4 bis 12).
Hiskia fragte den Priester Asarja, wie es mit dem Zehnten stehe. Dieser antwortete: Seit der Zeit, da man angefangen hat, die Abgaben ins Haus des Herrn zu bringen, haben wir gegessen und sind satt geworden, und es ist noch viel übriggeblieben; denn der Herr hat sein Volk gesegnet, darum ist so viel übriggeblieben" (2. Chronik 31,10).
Gott bleibt keinem etwas schuldig. Gott gibt uns reichlich zurück, was wir ihm geben. Gott will uns durch den Zehnten prüfen, um zu sehen, wie sehr wir ihn lieben und ihm vertrauen. Er ist niemand etwas schuldig, aber er gibt vielfältig zurück. Gott den Zehnten zu geben, ist das Geheimnis und der Weg zu großem Segen. Abraham gab den Zehnten, ebenso Jakob und viele andere. Gott segnete sie reichlich und sie wurden sehr reich. Niemand kann Gott im Geben übertreffen. Er gibt uns mehr, als wir je geben können. In der Bibel steht: „Einer teilt reichlich aus und hat immer mehr ... Wer reichlich gibt, wird gelabt und wer reichlich tränkt, der wird auch getränkt werden" (Sprüche Salomos 11, 24 und 25). „Wer kärglich sät, der wird auch kärglich ernten, und wer reichen Segen sät, der wird auch reichen Segen ernten, ... denn einen fröhlichen Geber hat Gott lieb" (2. Korinther 9,6 und 7).
Im Psalm 112 heißt es: „Wohl dem, der den Herrn fürchtet, der große Freude hat an seinen Geboten! (auch am Zehnten) ... Die Kinder der Frommen werden gesegnet sein. Reichtum und Fülle wird in ihrem Hause sein" (Vers 1 und 3).
Wenn Sie bisher Gott den Zehnten noch nicht gegeben haben, der ihm gehört, fangen Sie jetzt an, ihm seinen Zehnten zu geben. Sie werden erleben, daß Gott Sie von diesem Tag an reichlich segnen wird. Gott hält sein Wort.
Wir haben schon gehört, wie Gott Abraham, Jakob und andere sehr reich machte, weil sie den Zehnten gaben. Aber wir haben ebenso Belege dafür, daß seine Segensverheißung heute noch genauso gilt wie damals. Der Satan läßt uns denken, daß Gott nicht genau das meint, was er sagt, auch in bezug auf den Zehnten. Aber überall in der Welt haben Leute aufgehört, Gott sein Geld vorzuenthalten und auf diese Weise entdeckt, daß Gott seine Verheißung erfüllt. Er hat auch sie reichlich gesegnet.
Gott wird den Segen geben, den er verheißen hat! Die Beispiele dafür sind auch in unserer Zeit unzählbar. Fangen Sie heute an, Gott seinen Zehnten zu geben. Tun Sie dies wöchentlich (oder monatlich), wenn Ihr Gehalt

oder Ihre Rente ausgezahlt wird. Zahlen Sie ebenso den Zehnten von allem, was Sie vielleicht noch zusätzlich oder unregelmäßig bekommen. Auch Sie werden lernen können, ohne Mühe das aus der Hand zu geben, was ja schon längst Gott gehört. „Bringt aber die Zehnten in voller Höhe in mein Vorratshaus und prüft mich hiermit, spricht der Herr Zebaoth, ob ich euch dann nicht des Himmels Fenster auftun werde und Segen herabschütten die Fülle" (Maleachi 3,10).

Jesus sagt: „Gebt, so wird euch gegeben. Ein volles gedrücktes, gerütteltes und überfließendes Maß wird man euch in den Schoß schütten; denn mit dem Maß, mit dem ihr meßt, wird man euch wieder messen" (Lukas 6,38).

**Selbständige Gemeinden durch den Zehnten**

Wir alle sollen Gott den Zehnten geben, ob unser Einkommen groß oder klein ist: Jeder Christ, ob Pastor oder Laie, reich oder arm. Der Zehnte ist das einheitlichste System der Welt. Der Zehnte heißt, daß wir 10 % von unserem Einkommen geben. Ob DM 1000,- oder DM 10,- in der Woche, Gott stehen 10 % zu. Auch Christen, die so arm sind, daß sie kein Geld verdienen, können und sollen den Zehnten bezahlen. Wenn jemand kein Geld in der Hand hat, aber Land bebaut oder Vieh hält, soll er auch davon den Zehnten geben. Wenn jemand hundert Kilo Reis erntet, dann sollte er der Gemeinde zehn Kilo geben. Wenn jemand zehn Hähnchen hat, sollte er der Gemeinde eins geben. Wenn jemand zehn Schafe hat, sollte er der Gemeinde eins geben. Wenn jemand zehn Eier hat, sollte er der Gemeinde eins geben. Alle diese Produkte können gebraucht werden, um den hauptamtlichen Mitarbeitern ihr Einkommen zu sichern, und um die laufenden Unkosten der Gemeinde zu decken. Wenn der Gemeindeleiter die Naturalien nicht gebrauchen kann, könnten sie verkauft werden, und so stünde weiteres Geld für die Gemeindekasse zur Verfügung. Jeder Pastor oder Evangelist sollte seine Gemeinde darauf ansprechen, daß dem Reichtum der Gnade auch die Freiheit entspricht, sein Eigentum reichlich für Gott einzusetzen. Das ist der Klang, in dem sich Paulus in zwei langen Kapiteln an die Korinther um Geld wendet (2. Korinther 8 und 9). Das ist genauso lang, wie er über die Geistesgaben schreibt. Es ist der Plan Gottes, sein Reich auszubreiten und weitere Gemeinden zu bauen mit dem Geld, das seine Kinder ihm zurückzahlen. So können in jedem Land der Welt in einem Zeitraum von 1/2 bis zu 3 Jahren mühelos neue, selbständige, finanziell unabhängige Gemeinden entstehen. Die Erfahrung lehrt sogar, daß Gott nicht nur neue Gemeinden baut, sondern auch die Geber segnet und ihr Eigentum vermehrt.

**Ausbreitung des Reiches Gottes**

Gott will seine Arbeit hier auf der Erde durch den Zehnten finanzieren. Wenn Christen Gott den Zehnten vorenthalten, wird seine Arbeit einge-

schränkt und Missionare können nicht ausgesandt oder müssen aus finanziellen Gründen aus ihrem Arbeitsfeld zurückgezogen werden. Deshalb unterstützen Sie die missionarische Arbeit ihrer Gemeinde.
Evangelisten in anderen Ländern hungern, können ihre Familien nicht ernähren und müssen ihre Aufgabe in heidnischen Bereichen aufgeben oder die Ausbildung von Evangelisten muß eingeschränkt werden. Deshalb geben Sie den Zehnten, damit Evangelisten in Neuland gesandt werden können, um neue Gemeinden zu gründen.
Arbeit in Pionierbereichen geht aus Geldmangel nur sehr langsam vorwärts oder kann aus Mangel an Mitteln nicht zu Ende geführt werden. Deshalb unterstützen Sie mit Ihrem Geld Arbeit in Neuland.
Wenn wir Gott den Zehnten vorenthalten, steht nicht genug Geld zur Verfügung, um noch viel mehr Bibeln und christliche Literatur zu drucken. Das gedruckte Wort ist ein wichtiger Bereich missionarischer Tätigkeit. Der Satan versucht dieses Feld für sich in Anspruch zu nehmen. Ideologien und Religionen überschwemmmen mit ihrer Literatur die Welt. Kommunisten, Muslime und Zeugen Jehovas geben für ihre Druckerzeugnisse Millionen aus. Deshalb unterstützen Sie die Literatur-Mission, um viele Menschen für Jesus Christus zu gewinnen. Dasselbe gilt für Radio und Fernsehmission. Jesus befiehlt: „Geht hin und macht alle Völker zu Jüngern" (Matthäus 28,19).
Alle, die Jesus errettet hat, beauftragt er zu diesem großen Werk: Sein Reich auszubreiten. Und dafür braucht er auch seinen Zehnten. Deshalb fangen Sie heute an, mit Freude und Dank und in großer Erwartung Gott seinen Zehnten zu geben.

# DENKEN UND REDEN 1

## Über mich selbst

**Vorbereitung:**
- Dank, den Heiligen Geist um Weisheit und Führung bitten, Fürbitte
- Ein leeres Blatt und Filzschreiber
- Zettel mit Bibelstellenangaben
- Für jeden ein kleines Blatt „Wer bin ich?" oder ein entsprechendes größeres Blatt zum Aufhängen

Nach einer Lobpreiszeit oder am Ende: Füreinander beten und auf Erkenntnisse und Eindrücke des Heiligen Geistes warten.

**? 1. „Wie denke und spreche ich über mich?"**
z. B. wenn ich eine Aufgabe nicht bewältigt oder etwas falsch gemacht habe. Beispiele nennen lassen. („Ich blöde Kuh!" – „Ich bin nichts wert!" – „Was bin ich doch für ein Kamel!" – „Ich bin ein hoffnungsloser Fall.")

**2. Vorlesen:** „Wer bin ich?"

**? 3. „Wie sieht Gott mich?
Welche Bibelverse fallen euch dazu ein?"**

Stichworte anschreiben.

Wenn wir schlecht über uns denken und reden, beleidigen wir Gott, der uns durch Jesus gerecht gemacht hat.

**4.** Jeder zieht einen Zettel und bedenkt seinen Vers.(z. B.)

> Psalm 139,14/ Johannes 15,16/ Römer 5,1/ Römer 8,16 und 17/ Römer 8,32/ 1. Korinther 1,27 und 28 /1. Korinther 3,16/ 1. Korinther 6,11/ 2. Korinther 3,3/ 2. Korinther 5,17 und 20/ Kolosser 3,12

**Austausch** über die Erkenntnisse.
Wir müssen uns täglich entscheiden, ob wir unsern Gefühlen und den Lügen des Teufels glauben wollen – Jesus nennt ihn den „Vater der Lüge" – oder Gott und seinem Wort.

Der Teufel hat seine eigene „Tageszeitung" mit lauter schlechten und negativen Meldungen über uns, unsere Situation, unsere Zukunft. Gottes „Tageszeitung" ist die Bibel, und sie ist voll mit guten Nachrichten für uns.
Wir stehen täglich, stündlich vor der Entscheidung, wem wir glauben wollen und was wir dann aussprechen.

Zusammen laut sprechen: (Satz für Satz vorsprechen.)

**„Dein Wort ist die Wahrheit!"**
(Johannes 17,17)
Nicht meine Erfahrungen und nicht meine Gefühle sollen mich bestimmen!
Ich will mich so sehen, wie Gott mich sieht."

**5.** Die vorbereiteten Blätter verteilen
(oder als großes Blatt aufhängen).

---

**WER BIN ICH?**
Ich glaube, was Gott in seinem Wort über mich sagt:

Ich bin ..............................................................
durch Jesus Christus, meinen Herrn.

---

Jeder trägt das Stichwort, das ihm jetzt am Wichtigsten ist, in sein Blatt ein. Einer nach dem andern kann jetzt aufstehen, seine Bibel hochhalten und sein Blatt vorlesen.

Wenn keine Blätter verteilt werden konnten: Jeder hält seine Bibel hoch und wiederholt den Satz mit **seinem** Stichwort.)
Alle antworten mit „Amen" oder „Halleluja".

**6.** In **Kleingruppen** (zu zweit oder dritt) dazu beten.
  1. **Bußgebete**: Daß wir Gott beleidigt haben durch die falschen Aussagen über uns selbst.
  2. **Dank** für seine Aussagen über mich – konkret!
  3. **Bitte** um den Heiligen Geist für neue Gedanken und Worte über mich selbst.

**7. Aufgabe:** In den nächsten Tagen viel danken für das, was ich durch Gottes Gnade bin.

Beim nächsten Mal davon berichten.
Wenn der Leiter wieder allein ist: Dank und Fürbitte

**„Wer bin ich?"**

Maria Prean (etwa 3 Minuten)

„Mein größter Mangel war jahrelang, daß ich kein persönliches Wertbewußtsein hatte. Ich dachte so über mich, wie andere meiner Meinung nach mich sahen. Ich war dann auch überzeugt, daß Gott mich so sah, wie andere – meiner Meinung nach – mich sahen.

Wenn jemand mir damals sagte: „Ich liebe dich, Maria!" dann war meine erste Reaktion: „Nur schnell weg, bevor er mich kennenlernt! Sonst kann er mich nicht lieben." Ich hatte schon mit sieben Jahren mein Leben bewußt Jesus anvertraut und wußte ohne Zweifel, daß ich Jesus angenommen hatte. Aber ich konnte mir beim besten Willen nicht vorstellen, wie er mich annehmen konnte – so, wie ich war. Wir denken oft, daß Liebe zu sich selbst etwas Angeborenes sei. Aber das ist nicht wahr. Wir haben eher die Tendenz, uns selbst zu verachten, uns mit andern zu vergleichen und uns besonders auf das zu konzentrieren, was uns fehlt.

Auf meinem Weg zur Selbsterlösung durch gute Werke und sozialen Einsatz wurde ich gefühlsmäßig immer einsamer. Ich klagte Gott mein Leid, daß ich mich doch so anstrenge, worauf er mir zur Antwort gab: „Ja, du bist sehr anstrengend!" – Das war der Todesstoß für meine selbstgebastelte Vorstellung davon, wie man ein guter Mensch wird.

Aber dann lernte ich Jesus Christus besser kennen. Stück um Stück offenbarte er sich mir nicht nur als mein bester Freund, mein Beschützer, mein Fürsorger, mein Versorger, meine Freude, sondern auch die Quelle der Liebe, meines Lebens und meiner neuen Identität.

Täglich gibt Jesus mir eine Botschaft, die mich sicher durch Höhen und Tiefen trägt: „Vertraue mir! – Bleibe in mir!" Dieses Bei-ihm-Bleiben brauchen wir – ob ledig, verheiratet, geschieden oder verwitwet."

(Aus: „Der Auftrag" Nr. 50)

# DENKEN UND REDEN 2

## Absalom

**Vorbereitung:**
- Dank, den Heiligen Geist um Weisheit und Führung bitten, Fürbitte
- Wenn Kopiermöglichkeit vorhanden ist, das neunte Gebot kopieren (siehe unter Punkt 2)
- Vier Blätter und Filzschreiber

Nach einer Lobpreiszeit oder am Ende: Füreinander beten und auf Erkenntnisse und Eindrücke des Heiligen Geistes warten.

**Erfahrungen** mit der Hausaufgabe.

1. **Matthäus 15,18 bis 20a** Wenn nicht alle dieselbe Übersetzung haben, können auch verschiedene Übersetzungen vorgelesen werden. (Lesezeichen reinlegen)
**Die vier leeren Blätter aufhängen.** Der Leiter erklärt: Absalom ist der Sohn Davids, der am Hof seines Vaters aufwuchs. Die Szene spielt sich an einem der Stadttore Jerusalems ab.

Lesen: **2. Samuel 15,1 bis 12.**
Die Fortsetzung der Geschichte kurz zusammenfassen:
David ist daraufhin geflohen. Absalom hatte den Mord seines Vaters geplant. Er kam dabei selbst ums Leben.
Zur weiteren Besprechung soll es nur um **Vers 1 bis 6** gehen.

**? „Was tut Absalom hier?"**

Zusammentragen und Stichworte anschreiben.

**? „Welcher Wunsch steht hinter Absaloms Handeln?"**

Zusammentragen und Stichworte anschreiben.

Erneut lesen: **Matthäus 15,18 bis 20a**
Absalom tat, womit er sich in seinen Gedanken beschäftigt hatte. Er hatte der Schlange – dem Teufel – Wohnrecht in seinem Herzen gegeben. Er machte mit dem Teufel gemeinsame Sache.

Sprüche 26,22: „Die Worte des Verleumders sind wie Leckerbissen und gehen einem glatt ein."

**?** **„Welche der zehn Gebote hat Absalom übertreten?"**
(2. Mose 20,1 bis 17)

Zusammentragen und Stichworte anschreiben.

---
1. Gott an der ersten Stelle
5. Vater und Mutter ehren
6. nicht töten (er hatte die Absicht)
8. nicht stehlen (er „stahl" Davids Männer)
9. falsches Zeugnis („Ihr bekommt kein Recht" V. 3)
10. nicht begehren
---

**2.** Den Zettel mit dem **neunten Gebot** verteilen.
Wenn keine Kopiermöglichkeit vorhanden ist, zusammen das neunte Gebot aufschlagen (2. Mose 20,16) und lesen.
Aufgeschlagen lassen für den nächsten Schritt.
(Nach Luthers Zählung – und in der kath. Kirche – ist es das achte Gebot, wir halten uns an die biblische Zählung.)
Das erste Gebot ist die Voraussetzung für alle weiteren Gebote. Darum steht es auch hier noch einmal vor dem neunten.

---
„**Ich bin der Herr, dein Gott,
der dich aus der Knechtschaft befreit hat.**"
Das neunte Gebot:
„**Du sollst kein falsches Zeugnis ablegen gegen deinen Nächsten.**"
Was heißt das?

Wir sollen Gott fürchten
und lieben, damit wir
unsern Nächsten nicht belügen,
verraten,
hinter seinem Rücken reden
oder ihn schlecht machen,
SONDERN wir sollen ihn entschuldigen,
Gutes von ihm reden und seine Ehre schützen.
(Erklärung zu den Geboten nach Martin Luthers Kleinem Katechismus)
---

Wenn keine Kopiermöglichkeit vorhanden ist, auch das erste Gebot noch einmal lesen. (2. Mose 20,2)
Als Ergänzung die Erklärung Luthers vorlesen.
Im Gespräch dieses Gebot als Gottes gute Lebenshilfe beschreiben.
Noch einmal auf Absalom zurückkommen und darauf hinweisen, wie sehr er dieses Gebot übertreten hat. Das wird besonders deutlich durch Luthers Erklärung.

**?** 3. „Wie kann man mit Gedanken und Worten Gemeinschaft zerstören?"

Zusammentragen und Stichworte anschreiben.
Als Ergänzung vorlesen: Die Waffen des Anklägers

---

Wirksame Waffen des Anklägers, um Gemeinschaft und Gemeinde leicht und schnell zu zerstören:
- Suche und sammle Schwächen und Fehler des anderen!
- Erinnere dich oft daran und erzähle sie oft weiter!
- Kritisiere viel!
- Sprich kein anerkennendes oder entschuldigendes Wort!
- Erhebe Vorwürfe!
- Vergib nicht!
- Stelle Bedingungen!
- Verachtung, Empörung, Herabsetzung, Verurteilung, Groll, Haß, negative Gedanken und Worte sind besonders wirksame Waffen.
- Unterordnung? Nie!
- Bete nicht für ihn!
- Sei fest davon überzeugt:
- Alles könnte besser werden, wenn der andere sich endlich ändert!
  (Aus dem geheimen Waffendepot des Reiches der Finsternis. Johannes 8,44; 15. Bendorfer Kärtchen; erhältlich bei Asaph)

---

Der Teufel ist „der Ankläger unserer Brüder, der sie Tag und Nacht vor unserem Gott verklagt" (Offenbarung 12, 10).
Stelle ich mich auf die Seite des Anklägers und mache ich gemeinsame Sache mit ihm?

**?** „Welches ist mein besonderer Schwachpunkt?"
Zeit der Besinnung und Austausch.
Sich nicht damit abfinden, wenn jemand sagt: „Alles".
Jeder sollte EINEN Punkt herausgreifen, damit es konkret wird.

**4. Negatives Reden** ist zerstörerische Sünde und Gott verabscheut es. Daß es alle tun und es in unserer Umgebung so üblich ist, ändert nichts daran. Unser Reden über andere untergräbt Gemeinschaft.
„Wir wollen jetzt Gott bitten, daß er uns vergibt und uns verändert."

**Psalm 139, 23 und 24** lesen (oder singen)
und dann in Kleingruppen (zu zweit oder zu dritt) dazu beten.

**5. Aufgabe:** Den Heiligen Geist täglich bitten, über unsere Gedanken und unsere Zunge zu herrschen.
Beim nächsten Mal darüber berichten.
Wir wollen weiter darüber sprechen und beten, bis bei uns allen eine wesentliche Veränderung eingetreten ist.

Wenn der Leiter wieder allein ist: Dank und Fürbitte

# DENKEN UND REDEN 3

## Pharisäer und Zöllner

**Vorbereitung:**
- Dank, den Heiligen Geist um Weisheit und Führung bitten, Fürbitte
- zwei Textblätter

Nach einer Lobpreiszeit oder am Ende: Füreinander beten und auf Erkenntnisse und Eindrücke des Heiligen Geistes warten.

**1. Erfahrungen** aus der letzten Woche austauschen.

**2. Erklären:** Pharisäer waren ehrenwerte und anständige Leute. Zöllner (und gleichzeitig Steuerbeamte) waren für ihre Unterschlagungen bekannt und von allen verachtet, weil sie für die verhaßte Besatzungsmacht, die Römer, arbeiteten.

**Lukas 18,9 bis 14.** Wenn nicht alle dieselbe Übersetzung haben, können auch verschiedene Übersetzungen vorgelesen werden.

Wir alle setzen uns immer wieder zum Maßstab für das, was man tun sollte und was nicht. Wer z. B. seine Wohnung immer bis in alle Ecken aufgeräumt und sauber hat, schüttelt den Kopf über den, bei dem immer irgendwo irgendwas herumliegt. Umgekehrt verurteilt der „Großzügige" den andern als „pingelig" und nennt seine Wohnung vielleicht unpersönlich wie einen Ausstellungsraum.

**Beispiele** aus dem Alltag nennen lassen, wo wir uns über andere erheben und sie verurteilen:
Der Schnelle den Langsamen, der Bedächtige den „Aktivisten" usw.
Jesus prangert das an.

Dazu **Matthäus 7,1 bis 5** lesen.

**3.** Blatt aufhängen: (nicht zum Ausfüllen)

> Wie gut, daß ich nicht bin wie ...

**?** „Wo habe ich das auch schon gedacht?"
Hilfreich ist, wenn einer aus dem Kreis eine Erfahrung der letzten Tage erzählt, wo er sich verurteilend verhalten hat.

Wird ein geeignetes Beispiel genannt, kann man in Zweiergruppen überlegen:

**?** **„Wie könnte man hier positiv denken oder reden?"**
Antworten anschließend im ganzen Kreis austauschen.

Wird kein geeignetes Beispiel genannt, kann die folgende Begebenheit erzählt werden:

„Ich bin Verkäuferin. Vor ein paar Tagen fehlte eine Kollegin. Ich mußte mit zusätzlicher Arbeitszeit für sie einspringen. Unsere Abteilungsleiterin sagte voller Empörung: ‚Immer muß sie krank feiern und wir müssen das ausbaden.' Ich habe mich dann auch entrüstet und gesagt: ‚Ja, das ist auch schlimm. Ihretwegen muß ich zu Hause alles stehen und liegen lassen."

Was hätte sie besser antworten sollen?
Z. B.: „Hoffentlich ist sie bald wieder gesund."
„Jeder ist auf den andern angewiesen. Wenn ich mal krank bin, brauche ich ja auch die Hilfe der andern."
„Ich hätte vielleicht geschwiegen, um nichts Empörendes und Verletzendes zu sagen."
„Ich möchte mir vorstellen, daß Jesus neben mir steht und auf meine verständnisvolle, entschuldigende Antwort wartet."

**?** **4. „Worin besteht die Schuld,
wenn ich so verurteilend über einen anderen spreche?"**
(Z. B.: Ich stelle mich als Richter über ihn. Ich nutze seinen Fehler oder seine Schwäche aus, um selbst in besserem Licht dastehen zu können. Ich komme mir dann so gut vor.)

Vor Gott sind Gedanken genauso schlimm wie Worte oder Taten.
Der Leiter liest vor: **Matthäus 5,27 und 28**.

Je nach Situation ist es auch wichtig, vor den Menschen, die mein negatives Reden gehört haben, zu bekennen, daß ich mich nicht richtig verhalten habe und daß es mir leid tut. (Nicht mit demjenigen darüber sprechen, über den ich redete! Es würde ihn verletzen.)

**?** **5. „Was tue ich,
wenn mir mein falsches Reden bewußt wird?"**
Austausch darüber.

Dann faßt der Leiter zusammen:
Ich bitte Jesus um Vergebung.
Ich bitte den Heiligen Geist, mir eine bessere Antwort zu zeigen.
Ich bringe es in Ordnung (soweit es möglich ist).

**6.** Blatt aufhängen:

> 1. Der falsche Satz
> 2. Schuldbekenntnis und Bitte um Vergebung
> 3. Suche nach einem positiven Satz

Dazu **Kleingruppen** (zu zweit oder zu dritt) bilden.
Austauschen und beten.

**7. Aufgabe** bis zum nächsten Mal:
Täglich den Heiligen Geist um Kraft und Hilfe bitten.
Besonders auf mein Reden über andere achten.
Falls es nötig ist, Jesus um Vergebung bitten.

Wenn der Leiter wieder allein ist: Dank und Fürbitte

# DENKEN UND REDEN 4

## Reinigung der Lippen

**Vorbereitung:**
- Dank, den Heiligen Geist um Weisheit und Führung bitten, Fürbitte
- Übersichtsblatt mit Bibelstellen

Nach einer Lobpreiszeit oder am Ende: Füreinander beten und auf Erkenntnisse und Eindrücke des Heiligen Geistes warten.

**1.** Gute und schlechte **Erfahrungen** darüber austauschen, nichts Negatives mehr über den anderen zu reden.

**2.** Das Blatt mit den **Bibelstellen** aufhängen.

> aus den Psalmen
> 1.) 15,1 bis 3
> 2.) 12,3 bis 5
> 3.) 19,15
> 4.) 28,3
> 5.) 104,33 und 34
> 6.) 50,19 und 20

Jeder übernimmt eine Stelle und macht sich Gedanken dazu.
Bei mehr als 6 Teilnehmern kann eine Stelle auch von mehreren aufgeschlagen werden.
Nacheinander die Stellen vorlesen und sich dazu äußern.

**3. Jakobus 3,4 bis 11** Wenn nicht alle dieselbe Übersetzung haben, können auch verschiedene Übersetzungen vorgelesen werden.
Jeder unterstreicht in seiner Bibel die bösen Kennzeichen der Zunge.
Einer liest seine Unterstreichungen vor. Andere können das noch ergänzen.

**?** „Was ist Euch bei diesem Abschnitt wichtig?"
Austausch

Als Ergänzung lesen: **Matthäus 12,33 bis 37**

**4.** Wie ist es möglich, die Zunge nicht mehr falsch und zerstörerisch zu gebrauchen?
Wie kann mein Denken und Reden gereinigt werden?

> **Jesaja 6,1 bis 7** lesen. Jesaja bekommt eine „Berufungsvision".

Der Leiter stellt drei Hauptaussagen dieses Abschnittes heraus mit den Fragen:

**?** „Wozu gebrauchen die Engel ihre Sprache"?
(Sie loben den lebendigen Gott.)

**?** „Wie reagiert Jesaja darauf?"
(Er erkennt und bekennt die „Unreinheit seiner Lippen".)

**?** „Wie antwortet Gott auf dies Schuldbekenntnis?"
(Er gibt den Auftrag, Jesajas Lippen zu reinigen.)

Dasselbe will Gott mit unserem Mund tun:
Er deckt uns unsere Schuld auf.
Er erwartet unser Schuldbekenntnis über unser gottloses Denken und Reden.
Er will uns vergeben und reinigen. Er will uns durch den Heiligen Geist von der „Sucht" befreien, überheblich zu denken und zu reden.
Der Leiter liest **Sprüche 28,13** und betont „... und läßt."
Wer von Herzen diese Schuld lassen will, kann jetzt im Gebet seine Schuld bekennen.

**5.** In Kleingruppen (2 oder 3): **Schuldbekenntnisse**
(Jeder darf beten, keiner muß beten!)

**6.** Der Leiter spricht allen, die ihre Schuld bekannt haben, die Vergebung im Namen Jesu zu.

**7. Absage-Gebet** vorlesen, in Abschnitten vorsprechen und gemeinsam nachsprechen lassen.

**ABSAGE-GEBET**
**gegen falsches Denken und Reden**

„Jesus Christus, ich habe dir meine Sünde des falschen Denkens und Redens bekannt, / mit der ich dir Unehre gemacht habe. / Ich danke dir, daß du mir diese Sünden vergeben hast. / Gib mir Abscheu, Ekel und Haß gegen mein falsches Denken und Reden. / In deinem Namen sage ich mich von dieser Sucht los, / die Ehre des anderen herabzusetzen und Negatives zu reden. / Ich will das von jetzt an nicht mehr tun. /
Heiliger Geist, durchströme meine Gedanken / und lenke mein Reden, / damit ich Gott Ehre mache. / Danke, daß Du mich veränderst. Amen."

**8. Aufgabe** bis zum nächsten Mal:
Weiter auf die „Zunge" achten.

Wenn der Leiter wieder allein ist: Dank und Fürbitte

# DENKEN UND REDEN 5

## Redet, was gut ist!

**Vorbereitung:**
- Dank, den Heiligen Geist um Weisheit und Führung bitten, Fürbitte
- Zwei Blätter mit Überschriften und ein Filzstift
- Ein Blatt mit einem Schlüssel

Nach einer Lobpreiszeit oder am Ende: Füreinander beten und auf Erkenntnisse und Eindrücke des Heiligen Geistes warten.

**1.** Austausch über die **Erfahrungen** mit dem Denken und Reden in der vergangenen Woche.

**2. Epheser 4,29 bis 32** Wenn nicht alle dieselbe Übersetzung haben, können auch zwei verschiedene Übersetzungen gelesen werden.

**?** „Welches ist der „Schlüsselvers", mit dem wir unser Denken und Reden prüfen können"?
(Vers 30: „Betrübt nicht den Heiligen Geist".)
In der Bibel unterstreichen.

**3.** Zwei Blätter mit Überschriften aufhängen.

Stichworte dazu aus dem Abschnitt sammeln und eintragen.

| Was betrübt den Heiligen Geist? |
|---|
| ................................................................. |
| ................................................................. |

| Was freut den Heiligen Geist? |
|---|
| ................................................................. |
| ................................................................. |

Es geht nicht nur darum, nichts Negatives über andere zu sagen, sondern zu reden, was gut ist, was notwendig ist und was dem anderen Segen bringt.

**?** „Wie können wir mit anderen Worten sagen:
… damit es denen Segen bringt, die es hören'?"
(z. B. erfreuen, aufbauen, stärken …)

### 4. Vorlesen:
Eine Frau berichtete, wie Gott ihr ihre negative Haltung deutlich machte. Sie hatte ein Erlebnis sehr negativ dargestellt. Da zeigte Gott ihr ein Bild: „Ich sah mich in der Mitte eines Raumes stehen, dessen eine Hälfte fensterlos war. Die andere Hälfte hatte große Fenster von der Decke bis zum Fußboden. Ich war der fensterlosen Seite zugewandt. Aber dann sah ich, wie Gottes Hand mich herumdrehte, so daß ich den hellen Fenstern gegenüberstand. Er machte mir klar, daß ich das Gute und Schöne sehen und das Positive aussprechen soll. Als ich das erkannte, begann ich dankbar zu werden."

**5. Epheser 5,20** (in zwei Übersetzungen) lesen.

Mit diesem „Schlüsselvers" wird der Mund für Negatives verschlossen und für das Gute aufgeschlossen.

### 6. Übung: „Redet, was gut ist."

a) Eine negative Geschichte vorlesen:

„Gestern fuhr ich zum Einkaufen. Die Stadt war schrecklich voll, und es hat geregnet. In fünf Kaufhäusern bin ich gewesen. Schließlich habe ich eine Bluse gekauft, aber sie hat nicht die Farbe, die ich eigentlich haben wollte. An der Kasse stand eine furchtbar lange Schlange, und dann hat sich eine Frau auch noch vorgedrängt. Als ich nach Hause fuhr, wäre ich beinahe in einen Unfall geraten. Was gibt es doch für verrückte Fahrer!"

b) Wie könnte man dasselbe Erlebnis mit Hilfe des „Schlüssels", d.h. positiv und dankbar erzählen?
Wie könnten wir dieses Erlebnis so erzählen, daß der Heilige Geist dadurch nicht betrübt wird, sondern sich freut?
Einer aus dem Kreis erzählt diese Geschichte neu, als hätte er sie selbst erlebt, evtl. noch ein zweiter (keine Übertreibungen!).

c) Jeder erzählt ein kleines Erlebnis der letzten Tage positiv und dankbar und prüft dabei, ob er damit den Heiligen Geist betrübt oder erfreut (wenn der Kreis zu groß ist, dafür Kleingruppen bilden).

Ein Hinweis für den Leiter: Es geht nicht darum, Böses gut zu nennen. Siehe dazu Jesaja 5,20. Wenn es um schwerwiegende Probleme geht, sollte man sich damit an einen Seelsorger wenden.

**7.** In Kleingruppen (2 oder 3): **Dankgebete**, die sich auf die Erlebnisse der letzten Woche beziehen.

Wenn der Leiter wieder allein ist: Dank und Fürbitte

# DENKEN UND REDEN 6

## Umgang mit schwierigen Menschen

**Vorbereitung:**
- Dank, den Heiligen Geist um Weisheit und Führung bitten, Fürbitte
- Blatt mit „Segnen heißt ..."
- Blatt mit „In Jesu Namen vergebe ich ..."

Nach einer Lobpreiszeit oder am Ende: Füreinander beten und auf Erkenntnisse und Eindrücke des Heiligen Geistes warten.

**? 1. „Wie reagieren Menschen, wenn ein Nachbar boshaft ist und ständig Schwierigkeiten macht?"**

(z. B. nicht mehr grüßen, aus dem Weg gehen, das Boshafte von ihm weitererzählen, „wegwünschen", hassen ...)

**Vorlesen:** „Mit dem ganzen Haus verkracht" – Teil a)

**2. Was sagt die Bibel dazu?**
Aufschlagen und lesen – evtl. in verschiedenen Übersetzungen:

> 1.) Matthäus 5,44
> 2.) Römer 12,14
> 3.) 1. Korinther 4,12
> 4.) 1. Petrus 3,9

Stille lassen zum Nachdenken. Austauschen.
Zusammenfassen:
Gott segnet uns, damit wir VIELEN seinen Segen weitergeben. Jesus sagt ausdrücklich, daß wir nicht nur die, die wir mögen oder die, die zu uns freundlich sind, zu segnen haben; auch die uns fluchen, verfolgen, beschimpfen, Böses tun.

**? 3. „Was heißt segnen?"**
Antworten zusammentragen, dann das Blatt aufhängen:

> **Segnen heißt:**
> **Von Jesus konkret Gutes erbitten und Gutes wünschen**

**4.** Wie hat Familie Neumann reagiert?
**Vorlesen**: „Mit dem ganzen Haus verkracht" – Teil b)

**5.** Eine andere Situation zeigt, wie man segnet und was das für Folgen haben kann.
**Vorlesen**: „Das Betriebsklima"

**?  6. Wen habe ich jetzt zu segnen?**
   Bevor wir jetzt einen andern segnen, hat jeder für sich selbst in der Stille zu klären, wen er jetzt zu segnen hat.
Dann sollte er still für sich selbst dies Gebet beten.
(Das Blatt dazu aufhängen.)

> 1.) „In Jesu Namen vergebe ich …, daß er (sie) …"
> 2.) „Jesus, vergib mir bitte … (Groll, Ablehnung usw.)"
> 3.) „Jesus, heile in mir alle Wunden …"
> 4.) „Jesus, in Deinem Namen segne ich jetzt …"

**7.** Jeder sollte nun zur Bekräftigung – ohne einen Namen zu nennen! – seinen Segenssatz (den 4. Satz) vor den andern aussprechen.
Ist der Kreis zu groß, kann dies auch in Kleingruppen geschehen.

**8. Aufgabe** bis zum nächsten Mal: SEGNEN
a) Wenn es möglich ist: für den andern hörbar, z. B. Kinder, Ehepartner, Freunde.
b) für den andern nicht hörbar.
Erfahrungen beim nächsten Mal berichten.

Dieses Segnen, dieses Zusprechen, sollte im Hauskreis weiter eingeübt werden. Wenn z. B. jemand ein Problem hat, für das gebetet wird, kann man anschließend einen bitten, ihm – nach einer kurzen Stille zum Hören auf die Leitung des Heiligen Geistes – einen Segenssatz zuzusprechen. Oder man bittet am Anfang jemanden, am Schluß der Zusammenkunft einen Segenssatz für den ganzen Kreis zu sprechen. (Dazu können alle aufstehen und mit „Amen" antworten.)

Wenn der Leiter wieder allein ist: Dank und Fürbitte

## „Mit dem ganzen Haus verkracht"

Eckhard Neumann (etwa 1 Minute)

a) Wir wohnten zusammen mit 10 Familien in einem großen Mietshaus. Da wohnte auch eine richtig böse Frau, die sich mit dem ganzen Haus überworfen hatte. Mit jedem stänkerte sie. Einmal prügelte sie sich sogar mit ihrer Flurnachbarin.

Wir waren die letzten, mit denen sie noch sprach. Aber eines Tages hat sie sich auch mit uns verkracht. Wir hatten Vögel gefüttert. Die Vögel saßen dann auch schon mal auf ihrem Fensterbrett, ein Stockwerk über uns. Und da ließen sie auch schon mal was fallen.

b) Und dann haben wir begonnen, sie zu segnen.

Es dauerte zwei Jahre, aber dann hat sich die Frau mit dem ganzen Haus versöhnt. Eines Tages sagte sie zu meiner Frau: „Wissen Sie, das müssen Sie mir nicht übel nehmen. Ich bin eine alte Frau." Ein überraschendes Zeichen für das neue Klima war: Die Nachbarin, mit der sie sich mal geschlagen hatte, ging nun für sie einkaufen.

Wir hatten nicht erwartet, daß Gott so massiv eingreift.


## „Das Betriebsklima"

Eckhard Neumann (etwa 2 Minuten)

Einmal kam ein Mann aus unserer Gemeinde zu mir und klagte mir seinen Frust: „Ich hab beschlossen zu kündigen. In meinem Betrieb sind die so gemein! Da ist einer dem andern sein „Deibel"; einer ist gegen den andern, und die schimpfen den ganzen Tag. Ich halt das nicht mehr aus, ich hau da ab."

„Ich hab einen guten Rat für Dich: Arbeite doch mal mit dem Mittel des Segnens. Und wenn das nicht funktioniert, kannst Du ja immer noch kündigen."

Dann hab ich ihm das erklärt: „Segnen heißt, Gutes wünschen. Also: Wieviel Leute seid ihr?" – „10" – „Kennst Du die alle mit Namen? Kennst Du so ungefähr ihre Situation?" – „Ja, die kenn ich alle." – „Segne jetzt jeden von ihnen jeden Tag mit einer konkreten Sache. Also z. B.: „Jesus! Segne den Karl mit einer Zusatzprämie bei der Arbeit." Oder: „Jesus! Gib doch, daß der Franz für seinen Hausbau jetzt grad das richtige Baumaterial kriegt." Oder: Daß es bei dem Dritten in seiner Ehe endlich besser wird. Oder: … mit seinen Kindern … usw." – „Gut, wenn Du meinst, daß das gut ist, dann mach ich das."

Ein halbes Jahr später traf ich ihn wieder: „Na, was ist denn nun geworden? Wie ist das ausgegangen?" – „Das totale Ding! Das Betriebsklima hat sich total verändert. Stell Dir vor, was passiert ist: Es hilft jetzt einer dem andern. Wenn einer ein schweres Teil auf eine Maschine zu transportieren hat, springt ein anderer zu – ungefragt. Die Flucherei hat aufgehört! Du kennst den Betrieb nicht wieder. Ich will überhaupt nicht mehr kündigen. Ich hätte nicht im Traum gedacht, daß Gott das tut."

# LOBEN 1

## Die Augen auf Gott richten

**Vorbereitung:**
- Dank, den Heiligen Geist um Weisheit und Führung bitten, Fürbitte
- Frageblatt und Filzschreiber

Nach einer Lobpreiszeit oder am Ende: Füreinander beten und auf Erkenntnisse und Eindrücke des Heiligen Geistes warten.

**Erfahrungen** mit dem Segnen austauschen.

**1. Erklären:** Vor Josafat (868 bis 847 v.Chr.) regierten gottlose Könige. Er vertraute und gehorchte Gott. Unter ihm gab es eine Art Erweckung.

**2. Chronik 20,1 bis 12 lesen.**

**2. „Wie verhält sich König Josafat in dieser hoffnungslosen Situation?"**
(Wichtigste Antwort: „Er betet.")

**3.** Das Blatt mit der Frage und den 3 Versangaben aufhängen.

> „Auf welche Weise betet Josafat
> in dieser hoffnungslosen Situation?"
> 2. Chronik 20:
> 1.) Vers 1 bis 6:
> 2.) Vers 7 bis 9
> 3.) Vers 10 bis 12

Die Verse lesen und nach jedem Abschnitt kurze Zeit zum Nachdenken lassen.

Stichworte zusammentragen und anschreiben.

Als Hilfe für den Leiter:
zu 1.) Anbetung und Lob (Vers 6)
zu 2.) die Zusage Gottes (Vers 7 bis 9)
zu 3.) Hilflosigkeit und Vertrauen (Vers 10 bis 12)

**?** 4. „Welcher der drei Abschnitte ist Dir besonders wichtig und warum?"
Zeit lassen zum Überlegen und dann austauschen.

**5. Vorlesen:** „Lobpreis schafft Veränderung"

**6. Kleingruppen** (2 bis 3):
Jeder nennt ein Problem, das ihn bewegt.
Gemeinsam nach einer biblischen Verheißung suchen, die man dafür in Anspruch nehmen kann. Gott loben und das Problem voll Vertrauen in seine Hände legen.

**7. Aufgabe:** Jeder bringt täglich sein Problem mit Loben und Danken vor Gottes Thron und überläßt es ihm. Dann fragt er ihn: „Habe ich dabei eine Aufgabe zu übernehmen?"
Erfahrungsberichte darüber beim nächsten Mal.

Wenn der Leiter wieder allein ist: Dank und Fürbitte.


## „Lobpreis schafft Veränderung"

Hannegret Scheytt (ca. 6 Minuten)

Jesus lehrte mich durch manche Lektionen des Lebens, welches Geheimnis im Lobpreis verborgen ist. In einer besonders schwierigen Zeit machte ich die Erfahrung, daß Gott, entgegen allem Augenschein, doch Herr der Situation ist, wenn ich ihn durch alle Not hindurch ehre und ihm vertraue. Und wenn ich dabei bleibe Gott zu loben, dann verändert er entweder mich oder die Situation oder beides.

Als unsere Firma in eine Konkurskette hineingezogen wurde, standen wir als vierköpfige Familie ohne Verdienst, ohne Geld und zuerst auch ohne Versorgungsanspruch da. Es wäre Grund genug gewesen, zu verzweifeln und in tiefe Ängste zu versinken. Aber mein Mann und ich wußten, daß Jesus trotz aller Widerwärtigkeiten und Nöte der Herr unserer Situation war und blieb, und wir ehrten und priesen ihn dafür.

So erlebten wir, daß unser himmlischer Vater uns versorgte – wie den Elia am Bach Krit. Wundervolle Lebensmittelpakete fanden sich, von unbekannter Hand, vor unserer Haustüre. Honig und Butter und Obst verstellten uns den Weg nach draußen. Auch Briefe ohne Absender mit stärkenden Bibelsprüchen und Geld kamen vielfach bei uns an.

In jener Zeit waren wir einmal an einem Sonntag von einer Predigt so angesprochen, daß wir für unsere damalige Lage ein großes Opfer in die Kollekte gaben. Alles, was wir hatten, war eine direkte Gabe Gottes und wir wollten durch dieses Opfer Gott unseren Dank und unser Vertrauen ausdrücken.

Nach dem Gottesdienst fanden wir zu unserer großen Überraschung einen Brief in unserem Briefkasten. Genau der doppelte Geldbetrag unseres Opfers kam uns aus dem Umschlag entgegen. Können Sie sich vorstellen, wie tief wir vom Handeln Gottes berührt waren?

In jene Zeit fiel auch die Notwendigkeit einer Dachreparatur. Die Feuchtigkeit drang schon ins Haus, und alles eigene Flicken hatte nichts geholfen. So baten wir den Dachdecker um einen Kostenvoranschlag. Ergebnis: über DM 20 000. Das stellte in unserer Situation eine totale Unmöglichkeit dar, das stand außerhalb jeglichen Vorstellungsvermögens; da konnten wir unser Gehirn in Gang bringen, soviel wir wollten; keinerlei Lösung war für dieses Problem zu finden.

Rückblickend begreife ich kaum, daß nicht Furcht und Angst mich total beschlagnahmten und lahmlegten, sondern ich im Gegenteil sofort erkannte: hier will der Feind uns in Schrecken versetzen. Das wollten wir nicht zulassen, und so fingen mein Mann und ich an, Gott zu loben und zu preisen, weil der Herr auch Herr dieser Lage war und blieb. Wir hatten Gott versprochen, unser durch den Konkurs hindurch gerettetes Haus noch viel mehr als bisher für Menschen zu öffnen, die der Hilfe und des Zuspruchs bedurften. Wir hatten es Gott neu übergeben, und deswegen sollte es auch Gottes Sorge bleiben, daß das Dach wieder dicht würde.

Mir war, als stünde ich beinahe neben dem Problem, und ich war in einer gewissen, neugierigen Spannung, was wohl mit uns geschehen würde. Ich muß bekennen, daß es mir bei meinem Naturell eher entsprochen hätte, in tiefe Grübelei, Angst und Furcht zu verfallen. Aber zu meiner eigenen Verwunderung geschah das nicht. Gott antwortete auf unbegreifliche und unausdenkliche Weise auf unseren Lobpreis: Der Bruder einer verstorbenen Freundin rief aus einem anderen Teil Deutschlands an. Er wußte nichts von unserer speziellen Not. Er teilte uns mit, uns von dem Erlös des Hauses meiner Freundin Geld überwiesen zu haben.

Dieser Mann hat fünf Kinder und hätte das Geld selbst gut gebrauchen können, aber Gott bewegte ihn zu dieser Überweisung. Gott machte noch andere Wege frei. Ich kann die Wunder, die geschahen, hier nicht alle wiedergeben, so daß wir die Möglichkeit bekamen, die notwendige Dachreparatur ausführen zu lassen. Kein Gehirn und kein Computer hätten solche Wege der Hilfe finden können, die Gott uns gab.

Nicht nur auf finanziellem Gebiet habe ich große Hilfen und Veränderungen erfahren, wenn ich Gott lobte und ehrte durch alle Not hindurch, sondern ebenso bei den mir anvertrauten Menschen. Oft, wenn ich aufgehört hatte, sie durch angstvolle, negative Gedanken zu binden und stattdessen Gottes Liebe und Güte über ihnen gepriesen habe. Und erst als ich dafür dankte, daß Gottes Arm lang genug ist, sie zu erreichen, da wurden sie frei zu anderem Denken und Handeln und erfuhren Gottes große Barmherzigkeit.

Ich kann nur sagen, es lohnt sich, sich ganz und total auf Jesus zu verlassen, ihm allezeit zu danken und ihn zu ehren in allen Lagen. „Wer Dank opfert (d.h. in Situationen, in denen es uns nicht leicht fällt), der preist mich, und da ist der Weg, daß ich ihm zeige das Heil Gottes" (Psalm 50,23).

# LOBEN 2

## Loben ist der erste Schritt zum Sieg

**Vorbereitung:**
- Dank, den Heiligen Geist um Weisheit und Führung bitten, Fürbitte
- Frageblatt
- Leeres Blatt für Stichworte und Filzschreiber

Nach einer Lobpreiszeit oder am Ende: Füreinander beten und auf Erkenntnisse und Eindrücke des Heiligen Geistes warten.

**1.** Austausch über die „Hausaufgabe".

**2.** Das Blatt aufhängen.

> „Wie führt Gott zum SIEG über ein Problem?"

**2. Chronik 20,1 bis 22** mit dieser Fragestellung lesen.

Die Verse lesen und nach jedem Abschnitt kurze Zeit zum Nachdenken lassen.

**? 3. „Wie antwortet Gott, nachdem Josafat ihm das Problem gebracht hat?"**
(Vers 13 bis 17)
(Durch einen Propheten – Vers 14, durch sein Wort – Vers 17)

**? „Wie antworten Josafat und das Volk darauf?"**
(Vers 18 und 19)
(mit Anbetung und Lobgesang – Vers 18)

**? Was tun sie?** (Vers 20 bis 22)
(Josafat ermutigt sie; sie glauben Gott; sie stellen das Lobpreisteam vor das Heer.)

Stichworte zusammentragen und anschreiben.

**4. Vorlesen:** „Im Danken steckt Kraft"

**?** 5. „Was ist Dir heute besonders wichtig und warum?"
Zeit lassen zum Überlegen und dann austauschen.

6. Als **Zusammenfassung** Vers 26 lesen: Das „Lobetal".
Gemeinsam überlegen, was daran so wichtig ist (z. B. das gemeinsame Lob; „Vergiß nicht, was er dir Gutes getan hat" Psalm 103,2; es andern weitersagen).

7. In **Kleingruppen** (2 bis 3) dazu beten.

8. **Aufgabe:**
„Ich will den Herrn loben allezeit!" (Psalm 34,2) Also täglich mehrmals. Erfahrungsberichte darüber beim nächsten Mal.

Wenn der Leiter wieder allein ist: Dank und Fürbitte.

## „Im Danken steckt Kraft"

Ute Horn (etwa 3 Minuten)

Vor einigen Monaten hörte ich folgende Geschichte:
Ein Prediger übernachtete in einem billigen Hotel. Als er morgens aufwachte, stellte er fest, daß sein ganzer Besitz gestohlen war. In sein Tagebuch schrieb er: „Danke, Vater im Himmel, daß es das erste Mal ist, daß ich bestohlen wurde. Danke, daß es nicht viel war. Danke, daß die Diebe nur mein Hab und Gut genommen haben und nicht mein Leben. Danke, daß ich kein Dieb geworden bin."
Was denken Sie, wenn Sie so eine wahre Begebenheit hören?
Ich empfand spontan Bewunderung. So wollte ich auch auf widrige Umstände reagieren können. Gott sah diese Sehnsucht in meinem Herzen und brachte mich in eine Situation, in der ich testen konnte, ob ich wirklich bereit war, jederzeit für alles zu danken (Epheser 5,20).
Wir kamen abends spät aus dem Urlaub, mein Mann ging in den Keller, um nach unserm neuen Gefrierschrank zu sehen. Als er die Tür öffnete, floß ihm eine bräunliche, stinkende Flüssigkeit entgegen. Das ganze Gefriergut war aufgetaut: kostbares Fleisch, Eis, Kroketten, verschiedene Kuchen und vieles mehr. „Herr, heute Abend will ich nicht darüber nachdenken, warum das passieren mußte", war meine erste Reaktion. Ich machte den Schrank wieder zu und ging ins Bett. Am nächsten Morgen fragte ich meine Freundin am Telefon, ob ich wirklich alles wegwerfen müßte. Das

erwartete „Ja!" ernüchterte mich. Im Keller schüttete ich Gott mein Herz aus (Psalm 62,9): „Herr, das kannst du nicht von mir verlangen, daß ich all die viele Arbeit auch noch selbst wegwerfen muß!"
Plötzlich wurde ich an die Geschichte erinnert. Ich wollte doch lernen zu danken. „Wie kann ich das auf meine Situation übertragen? Wofür hat der Prediger zuerst gedankt?" Dafür, daß er vorher noch nie bestohlen wurde. Ein Lichtstrahl kam in meine Gedanken. Ich hatte jetzt seit 11 Jahren einen eigenen Gefrierschrank, und es war mir noch nie passiert. „Jesus, danke, daß es das erste Mal ist." Ob in dem Geflügel vielleicht Salmonellen waren? Vielleicht hatte Gott uns vor Krankheit bewahrt. Dann mußte ich schmunzeln: „Danke, Herr, daß ich nicht Schuld war, denn der Stecker war in der Steckdose und die Tür gut zu." Auf einmal fiel mir ganz viel ein, wofür ich noch danken konnte. Als meine Freundin nach einer Stunde kam, traf sie eine fröhliche Frau, die den ganzen Gefrierschrank schon geputzt hatte.
Wie gut ist es, erzogen zu werden. Ich habe beschlossen, mich nicht mehr durch Umstände herunterziehen zu lassen. Es ist meine eigene Entscheidung, ob ich mich ärgere.
(Aus: „Tips für die christliche Familie", Nr 1/93)

# LOBEN 3

## Gott jederzeit loben: Psalm 34

**Vorbereitung:**
- Dank, den Heiligen Geist um Weisheit und Führung bitten, Fürbitte
- Ein leeres Blatt für Stichworte und Filzschreiber

Nach einer Lobpreiszeit oder am Ende: Füreinander beten und auf Erkenntnisse und Eindrücke des Heiligen Geistes warten.

**1. Austausch** über die Aufgabe

**2. Erklärungen** zu Psalm 34,2 bis 11:
David singt diesen Psalm in großer Lebensgefahr.
„... den Herrn FÜRCHTEN" (V. 8 und 10):
Nicht Angst haben, sondern Ehrfurcht, ihm mehr gehorchen als Menschen, ihm den ersten Platz einräumen. „Ich bin der Herr, dein Gott!" Also keine anderen Götter! (2. Mose 20, 2 und 3)
In Vers 10: Die HEILIGEN sind die, „die Gott gehören", nicht Menschen, die besonders „heilig" sind, wie die heutige Umgangssprache es sagt. Es sind die, die Gott berufen und geheiligt hat. Der hebräische Text spricht in Vers 11 nicht von Reichen, sondern von jungen Löwen.

**Psalm 34,2 bis 11** lesen.

**3. „Warum sollen wir Gott jederzeit loben?"**
(Die Antworten darauf nur aus den Versen 5 bis 11 nehmen.)

Leeres Blatt aufhängen

Stichworte zusammentragen und anschreiben.

**4. Vorlesen**: „Der Unfall"

**5.** Nach einer längeren Zeit der Stille, um darüber nachdenken zu können, **Vers 2 bis 11** in einer anderen Übersetzung noch einmal lesen.

**?** „Was ist mir hier besonders wichtig und warum?"
Austausch

**6. Gott dafür jetzt loben** (in Kleingruppen von 2 oder 3)

**7. Aufgabe**: Weiterhin Gott jeden Tag loben – Von den Erfahrungen beim nächsten Mal berichten.

Wenn der Leiter wieder allein ist: Dank und Fürbitte.

**„Der Unfall"**

Janice Wise (etwa 8 Minuten)

„Telefon, Frau Wise." Die Worte wirkten wie ein Alarmzeichen. Das aufgeregte Gespräch der zwanzig Frauen brach ab, Schweigen breitete sich aus.
Wir waren auf einer Freizeit. Das Tagungszentrum befand sich in einer abgelegenen Gegend. Telefonanrufe erreichten uns nur dann, wenn es wirklich dringend war. Wir hatten alles sorgfältig vorbereitet. Wir wollten in den wenigen Tagen, die uns zur Verfügung standen, die Zeit intensiv ausnutzen, und jetzt klingelte das Telefon.
Als ich das Zimmer verließ, blieb es in dem Raum hinter mir still.
Ich wußte, jetzt beteten die anderen Frauen für mich. Ich hatte das Gefühl, etwas Furchtbares käme auf mich zu.
Am anderen Ende der Leitung hörte ich die Stimme meiner Tochter:"Mutti, Brad hat einen Motorradunfall gehabt. Vati ist mit ihm ins Krankenhaus gefahren. Kannst du nach Hause kommen?"
Die Stimme meiner Tochter klang ruhig und sachlich. Sie war 19 Jahre alt. Schon seit vielen Jahren war Jesus der Mittelpunkt ihres Lebens. Sie hatte einen starken Glauben. Zitternd fragte ich sie: „Ist er schwer verletzt?"
„Mutti, er kommt vielleicht nicht durch."
Ich sagte zu meiner Tochter, ich würde sofort nach Hause kommen. Ich ging nach oben und packte meine Tasche, die ich wenige Stunden vorher so freudig ausgepackt hatte. Die Leiter des Freizeitheims boten mir an, mich nach Hause zu fahren. Während ich auf das Auto wartete, kam mir immer wieder ein Gedanke in den Sinn: „Lobe Gott in allen Dingen, lobe ihn."
Vor einigen Jahren hatte ich bewußt begonnen, das Loben Gottes zu lernen. Ich hatte in Krankheiten, in Enttäuschungen, wenn ich mich verletzt fühlte oder mich um meine alten Eltern sorgte, immer wieder neu versucht zu sagen: „Herr, ich will dich loben, selbst wenn ich all das nicht begreife,

was mir jetzt Mühe macht." Dabei hatte ich festgestellt, daß ich Gott nicht loben konnte um der Dinge willen, die mir geschahen; aber ich konnte ihn loben als den Herrn, und ich konnte ihn loben, daß er mein Herr war ganz gleich, welches Problem mich betraf.
Und so sagte ich auch jetzt: „Herr, ich lobe dich. Ich danke dir, daß du mein Vater bist, und ich danke dir, daß du alle Dinge unter Kontrolle hast. Du bist immer derselbe." Eigenartig diese Worte, die mich so oft getröstet hatten, trösteten mich auch jetzt. Plötzlich spürte ich eine innere Ruhe und Stille, die mir Kraft gab.
Wir hatten drei Kinder, eine Tochter und zwei Söhne. Gerade unsere Söhne, Brad und David, waren unzertrennlich. Der kleine David versuchte, in allem seinem großen Bruder nachzueifern. Da war mir manchmal eine Frage von Gott gestellt worden, die mir auch jetzt wieder begegnete. Ich hörte geradezu, wie mich Gott fragte: „Wem gehören deine Kinder?" Früher hatte ich immer voller Zuversicht gesagt: „Dir, Herr, dir gehören sie." Aber jetzt sah ich, daß sich meine Hände zu Fäusten ballten. Ich zwang mich dazu, sie zu öffnen und auszustrecken und hörte mich dann flüstern: „Herr, mein Sohn Brad gehört dir." Als ich nach Hause kam, warteten dort schon Freunde von uns auf Neuigkeiten aus dem Krankenhaus. Dann fuhr ein Auto auf die Einfahrt zu. Mein Mann stieg aus. Langsam ging er auf uns zu und sagte nur still: „Brad ist tot."
Und plötzlich hörte ich wieder die Worte, beinahe wie einen Befehl: „Lobe mich", und betäubt vor Schmerz, fast ohne zu wissen, was ich tat, sagte ich laut: „Ich lobe dich, Jesus."
Da hörte ich, wie die ruhige Stimme meiner Tochter sagte: „Danke, Jesus." Das war alles, aber plötzlich fühlte ich, wie die Kraft des Herrn mich erfüllte. Ich wurde fähig, unsere Freunde zu trösten.
Es ist etwas Wunderbares, daß man durch die persönliche Beziehung zu Jesus Christus mit ihm über alle Dinge sprechen kann.
Das erlebte ich auch wieder, als ich in der darauffolgenden Nacht im Bett lag und mit Gott über meinen Schmerz sprach. Ich sagte ihm, daß der Tod meines Sohnes nichts an meiner Liebe und an meinem Vertrauen zu ihm, meinem Herrn, ändern würde. Ich sagte, daß ich solchen Schmerz erleben müßte, aber daß ich dieses Leid aus Seiner Hand nähme. Aber dann stellte ich ihm die Frage, die mir den ganzen Abend lang auf der Seele gelegen hatte: „Vater, ist mein Sohn bei dir?"
Ich wußte, daß mein Sohn Brad ein bewußter Christ war und daß er diesen Glauben in seinem Leben bezeugt hatte. Aber jetzt in meinem Leid bat ich Gott um eine Rückversicherung. Ich muß bei dieser Frage eingeschlafen sein. Ich kann mich nur noch an eine schreckliche Spannung erinnern, die meiner Frage folgte. Dann als ich unvermittelt aufwachte, war es wie eine

Antwort Gottes, die plötzlich ganz nahe bei mir war: „Ich habe deinen Sohn ... und du hast meinen Sohn. „
Da erfaßte mich Freude. Ich wußte, daß es menschlich gesehen nicht möglich war, solche Freude in meinem Kummer und Schmerz zu erfahren. Aber Gott hatte mir gezeigt, wo mein Sohn war. Ich wußte, da, wo er war, war er lebendiger als je zuvor. Und so wie sich Gott jetzt an meinem Sohn wohl freute, hatte ich die Gnade, mich an seinem Sohn zu freuen. Und wieder war da der Friede, der mich ruhig machte.
Wir hatten beschlossen, miteinander einen kleinen Familiengottesdienst am Grab von Brad zu halten. Wir lasen einen Abschnitt aus der Bibel und beteten. Und dann bat mein Mann in einem einfachen Gebet: „Vater, heile uns bitte."
Am Abend fand in unserer Gemeinde ein Gedenkgottesdienst für Brad statt. Nach der Predigt bat der Pfarrer diejenigen, die Jesus in ihr Leben aufnehmen wollten, doch nach vorn zu kommen. Und da sah ich, wie einige der Freunde von Brad aufstanden und nach vorn gingen. Plötzlich verstand ich ein klein wenig von dem, wie Gott wohl zumute war, als er seinen Sohn schenkte – ein Leben für viele.
Es gibt immer wieder Zeiten, die mir schwerfallen. Da überfällt mich der Kummer um meinen Sohn. Ich vermisse ihn und bin unglücklich. Aber immer, wenn der Schmerz kommt, sagt eine leise Stimme in mir: „Lobe mich!" Und ich sage dann: „Danke, Vater. Danke, daß du meinen Sohn hast, und daß ich deinen Sohn habe."
(Aus: „Entscheidung", Ausgabe März 1980)

# FÜRBITTE

Fürbitte sollte auch über den eigenen Lebenskreis und das eigene Land hinausgehen.

Zum Beispiel:

### Die messianischen Juden und Israel
- Informationen (in deutsch) z.B.
- von Jakob Damkani, POB 8355, Jaffa 61082 Israel
- Gemeinde Kehilat Hamaajan, POB 827, Kfar Saba, 44108 Israel
- „Fürbitte für Israel e.V." Schnurrstr. 37, D-73099 Adelberg
- „Arbeitsgemeinschaft für das messianische Zeugnis an Israel e.V.", Hauingerstr. 6, D-79541 Lörrach
- „Evangeliumsdienst für Israel e.V.", Postfach 200 218, 70751 Leinfelden-Echterdingen

### Die verfolgten Christen auf der Welt
Wir leben in der Zeit der größten Christenverfolgung seit 2000 Jahren. Informationen z.B.
- „Offene Grenzen" Schwalenstert 1, D-38723 Seesen
- „Offene Grenzen" Postfach 267, CH-1008 Prilly
- AVC, Postfach 1266, D-63659 Nidda

# III. Missionarisch leben lernen

# DER AUFTRAG 1

## Jünger gehen

**Vorbereitung:**
- Dank, den Heiligen Geist um Weisheit und Führung bitten, Fürbitte
- Blatt mit Bibelstellen
- Vier Zeichnungen

Nach einer Lobpreiszeit oder am Ende: Füreinander beten und auf Erkenntnisse und Eindrücke des Heiligen Geistes warten.

Zu jedem der 4 Abschnitte: Die Verse lesen. Dazu drei Fragen:

**?** „Wozu fordert Jesus seine Jünger auf?"
„Wer ist Jesus hier?"
„Was kennzeichnet die Jünger Jesu?"

Jeweils die Teilnehmer antworten lassen.

| Aufforderung: | Jesus: | Kennzeichen: |
|---|---|---|
| **1.** „Kommt zu mir, ich will euch erquicken." Matthäus 11,28 bis 30 | Der liebende, segnende, heilende Jesus | sich segnen und heilen lassen Liebe weitergeben |
| **2.** „Wir gehen hinauf nach Jerusalem" Markus 10,33 „ Wer mir folgen will, der nehme sein Kreuz auf sich." Lukas 9,23 | Er opfert sich für uns. Er ist das Opferlamm. | Bitte um Gehorsam und Mut. Sich selbst preisgeben |
| **3.** Am Ostermorgen sagte ein Engel den Frauen, die den toten Jesus verehren wollten: „Geht schnell hin und sagt seinen Jüngern, daß er von den Toten auferstanden ist."Matthäus 28,7 | Jesus Christus: der Sieger über Sünde, Tod und Teufel! Kolosser 1,13 1. Korinther 15,54 2. Korinther 2,14 | Freude über den lebendigen Herrn. Gegenseitige Stärkung |

| | | |
|---|---|---|
| **4.** Der Auferstandene sagt seinen Jüngern, die vor ihm niederfallen: „Mir ist alle Macht gegeben … darum geht in alle Welt und macht zu Jüngern." Matthäus 28,18 bis 20 | Der Feldherr schickt seine Truppen zur Eroberung aus. Johannes 20,21+22 | Anbetung Vollmacht Gehen „Jünger machen" |

Die vier Zeichnungen nacheinander aufhängen:

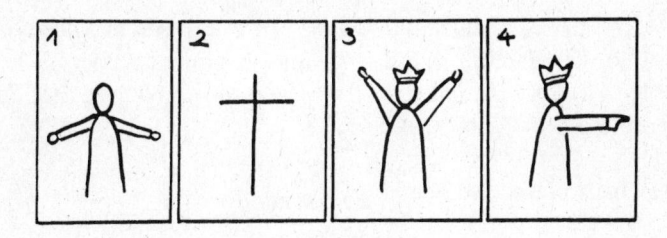

**5.** Jeder schlägt noch einmal eine der Bibelstellen auf. Stille mit der Frage:

**?** **„Was ist mir dabei wichtig und warum?"**
Austausch

**6. Gebete** zu den 4 Abschnitten (u. U. in Kleingruppen)

Wenn der Leiter wieder allein ist: Dank und Fürbitte

# DER AUFTRAG 2

## Eingesetzt als Zeuge

**Vorbereitung:**
- Dank, den Heiligen Geist um Weisheit und Führung bitten, Fürbitte
- Ein großes Blatt für Stichworte und Filzschreiber
- Zettel mit den Bibelstellen

Nach einer Lobpreiszeit oder am Ende: Füreinander beten und auf Erkenntnisse und Eindrücke des Heiligen Geistes warten.

**?** 1. „Was versteht man in der Welt unter einem Zeugen?"
„Welche Rolle spielt der Zeuge vor Gericht?"
(z.B. er hat selbst etwas gesehen oder gehört; er ist wichtig, um ein Ereignis zu bestätigen oder aufzuklären ...)

Die Zettel mit den Bibelstellen von 2. bis 5. zum Vorlesen verteilen.

**?** 2. „Wer ist ein Zeuge Jesu Christi?"
Dazu lesen: Apostelgeschichte 1,21 und 22; Johannes 6,68
(z. B. er hat erkannt und erfahren, daß Jesus lebt und daß er der Messias ist.)

**?** 3. „Was alles umfaßt unser Zeugnis von Jesus Christus?"
Dazu lesen: Matthäus 7,17 bis 20; Apostelgeschichte 2,47; 2,40
(z. B. gute Früchte, eingefügt in die Gemeinde, nicht schweigen können)

**?** 4. „Warum beauftragt Jesus uns, seine Zeugen zu sein?"
Dazu lesen: Römer 10,13 bis 15 und 17; 1. Timotheus 2,4; 2. Timotheus 2,2
(z. B. daß viele glauben; daß wir sie lehren)

**?** 5. „Wie wird es uns als Zeugen gehen?"
Dazu: Apostelgeschichte 1,8 und 4,20; 2. Timotheus 3,12; Apostelgeschichte 20,24
(z. B. Ausgerüstet mit dem Heiligen Geist; bereit, viel und wenig zu haben; bereit, verfolgt zu werden)
Zeit lassen über eine der Bibelstellen nachzudenken. Austauschen

**6.** Vorlesen:

## „Keine Angst mehr vor dem Tod"
Dr. Joseph Tson – Rumänien (etwa 3 Minuten)

„Während eines früheren Verhörs hatte ich zu einem Offizier, der gedroht hatte, mich zu ermorden, gesagt: Lassen Sie mich erklären, wie ich die Sache sehe. Ihre effektivste Waffe ist das Töten. Meine effektivste Waffe ist das Sterben.

Sie wissen, daß Tonbandaufzeichnungen meiner Predigten im ganzen Land verteilt wurden. Wenn Sie mich töten, dann wird diesen Predigten Blut anhaften. Jeder wird wissen, daß ich für meine Lehre gestorben bin, und jeder, der eines dieser Tonbänder hat, wird es zur Hand nehmen und sagen: Ich will mir noch einmal die Predigten dieses Mannes anhören, weil er wirklich meinte, was er sagte; er hat seine Predigten durch seinen Tod besiegelt.

Dann werden meine Predigten zehnmal lauter sprechen als vorher. Wenn Sie mich töten, wird dies ein großer Sieg sein, über den ich mich sehr freuen werde.

Daraufhin entließ er mich in die Freiheit.

Ein anderer Offizier, der einen Pastor und Freund von mir verhörte, sagte zu diesem: Wir wissen, daß Herr Tson gerne ein Märtyrer sein würde, aber wir werden nicht so dumm sein und ihm diesem Gefallen tun.

Ich dachte über die Bedeutung dieser Aussage nach. Ich erinnerte mich daran, wie ich viele Jahre lang Angst vor dem Tod gehabt hatte. Ich hatte mich stets im Hintergrund gehalten. Weil ich unbedingt leben wollte, hatte ich mein Leben mit Untätigkeit vergeudet.

Doch nun, da ich mein Leben auf den Altar gelegt hatte und bereit war, für das Evangelium zu sterben, erzählten sie mir, daß sie mich gar nicht töten würden! Ich konnte im ganzen Land herumreisen, predigen, wo ich wollte, und sicher sein, daß mir nichts geschehen würde. Solange ich versucht hatte, mein Leben zu erhalten, hatte ich es verloren. Nun, da ich bereit war, es zu verlieren, fand ich es wieder.

Ich hatte recht gehabt an jenem ersten Tag des Verhörs. Der Herr hatte mich während dieser schweren Stunden viele Lektionen gelehrt. Mittlerweile hatte auch die Geheimpolizei vom Evangelium gehört und die Liebe Jesu Christi in Aktion gesehen und war uns freundlicher gesinnt. Jesus lehrte uns vor langer Zeit: Mit ihm führt die Straße bergauf. Mit ihm endet der Weg des Leides im Sieg."

(Aus: Paul Estabrooks, „Entdecke die Geheimnisse geistlichen Erfolgs", Verlag C. M. Fliß, Hamburg, S. 69/70)

**7. Gebete** dazu (u. U. in Kleingruppen)

Wenn der Leiter wieder allein ist: Dank und Fürbitte

# VERFÜGBAR WERDEN 1

**Einheit – Voraussetzung für das Zeugnis vor der Welt**
(Dazu gehören auch die Kapitel: Vergeben, Denken und Reden.)

**Vorbereitung:**
- Dank, den Heiligen Geist um Weisheit und Führung bitten, Fürbitte
- Wenn möglich, das Einheits-Gebet kopieren

Nach einer Lobpreiszeit oder am Ende: Füreinander beten und auf Erkenntnisse und Eindrücke des Heiligen Geistes warten.

**1.** Dies „Gebet" vorlesen:

„Lieber Vater! Wenn die andern Christen doch nicht so schrecklich mit mir umgehen würden!
Sie haben zu viel falsch gemacht, und sie tun es immer noch.
Ich weiß ja, daß ich sie lieben müßte. Aber ich kann es einfach nicht. Die Verletzungen tun zu weh. Mein Herz sträubt sich. Ich müßte ja lügen, wenn ich sagte: Ich liebe sie. Und vor allem: Ich habe mich immer um sie bemüht. Wie oft habe ich ihnen schon geholfen. Wie vergelten sie mir das alles?
Ich muß andern doch die Wahrheit über sie sagen und sie warnen. Wir müssen die Fehler zusammentragen, damit für jeden klar wird, mit wem wir es zu tun haben.
Herr, schütze uns. Unsere Gemeinde ist zerbrochen. Wir müssen uns trennen. Herr, segne uns. Amen."


**2. „Was meint ihr zu diesem ‚Gebet'"?**
Wem fallen ähnliche Gedanken oder Worte ein?
(Einige nennen lassen)

**3. Kolosser 3,12 bis 17** lesen
(evtl. in zwei verschiedenen Übersetzungen)

**? „Was ist dir wichtig und warum?"**
Stille, Austausch

**4. Vorlesen:**

„Beten kann nur, wer ein Priesterherz hat, wer gelernt hat, mit den Unheiligkeiten anderer heilig umzugehen, wer die Fehler anderer nicht in seinem Kopf sammelt, um sie weiterzuerzählen, sondern wer sie in sein Herz aufnimmt und sie auf Händen des Gebets ins Heiligtum trägt. Die Priester tragen die Sünden anderer ins Heiligtum und nicht zu den Menschen, wo in der Regel zu der einen Sünde noch viele hinzugefügt werden. Nicht ein Falkenauge, sondern ein Taubenauge hat die Braut. Der Teufel ist kein Beter, sondern der Verkläger der Brüder. Christus ist auch darum gestorben, daß die Erlösten Beter würden. (Offenbarung 1,6) Wir sind erlöst, um Beter zu sein. Der Platz, den uns Jesu Blut gegeben hat, ist vor dem Angesicht Seines Vaters als Könige und als Priester."
(Aus: Georg Steinberger, „Kleine Lichter auf dem Weg der Nachfolge." Christliches Verlagshaus, Stuttgart)

**?** 5. „Was ist dir dabei wichtig und warum?"

**6.** „Bitte, Heiliger Geist, deck das Verkehrte in unsern Herzen auf!"
Stille
**Schuldbekenntnisse und Gebete**
Absolution durch den Leiter.
(z. B.: „Im Auftrag Jesu und in seinem Namen spreche ich euch (dir) die Vergebung der Sünden zu, die ihr (du) bekannt habt (hast). Sie sind jetzt ausgelöscht durch sein Blut und ihr seid (du bist) jetzt frei. Amen.")

**7.** (Dies Gebet als Vervielfältigung verteilen. Wenn das nicht möglich ist: einmal zum Kennenlernen ganz vorlesen.
Dann Satz für Satz als Gebet nachsprechen lassen.)

„Vater! Ich liebe meine Schwestern und Brüder.
Ich liebe sie, weil Du sie liebst.
Ich liebe sie, obwohl sie Fehler haben und Fehler machen.
Vater! Ich vergebe ihnen,
wo sie sich gegen mich gewandt haben.

Ich bitte für mich selbst im Namen Jesu um Vergebung.
wo ich sie nicht liebte,

wo ich mich von ihnen absetzte,
wo ich sie verurteilte und
wo ich verächtlich dachte oder redete.
Herr, ich will mein Herz, meine Gedanken und meinen
Mund bewahren,
daß sie nichts Negatives und Zerstörerisches denken und sagen über meine Geschwister.
Negatives über andere erzähle ich nicht mehr weiter.
Und wo ich von Unsegen höre, soll das von nun an nur noch ein Anlaß sein zu vergeben, zu segnen und zu lieben.
Heiliger Geist, füll mich bitte mit deiner Liebe und laß mich davon überfließen.
Nur durch dich wird unter uns das Wunder von Liebe und Einheit wahr. Danke. Amen."

(Nach einem Gebet aus England zu Beginn der Erweckung durch John Wesley, 1703 bis 1791, Bendorfer Kärtchen Nr. 18, erhältlich bei Asaph)


**9. Aufgabe**: Dies Gebet (oder ein entsprechendes freies) täglich beten und dabei ein oder zwei Namen einsetzen.
Beim nächsten Mal Erfahrungsaustausch.

Wenn der Leiter wieder allein ist: Dank und Fürbitte.

# VERFÜGBAR WERDEN 2

## Die Waffenrüstung Gottes anziehen

**Vorbereitung:**
- Dank, den Heiligen Geist um Weisheit und Führung bitten, Fürbitte
- Eine Zeichnung zum Aufhängen
- Zettel mit Bibelstellen (siehe 5.)

Nach einer Lobpreiszeit oder am Ende: Füreinander beten und auf Erkenntnisse und Eindrücke des Heiligen Geistes warten.
**Erfahrungen** mit der Aufgabe austauschen.

**1. Epheser 6,10 bis 20** wenn nicht alle dieselbe Übersetzung haben, verschiedene Übersetzungen vorlesen.

**2. „Was sagt der Abschnitt über den Angreifer?"**
Stichworte zusammentragen und dann ergänzen:
    1.) der Listige (oder Verführer, Offenbarung 20,10)
    2.) der Lügner (Johannes 8,44)
    3.) der Mörder (Johannes 8,44)

Als Versucher versucht er es immer wieder, uns von Jesus wegzuziehen. Er versucht es bei uns wie bei Jesus selbst : Am Anfang seines Wirkens (Lukas 4,1 bis 13). Vers 13 sagt, daß der Versucher es immer wieder versuchte. Er versuchte es bis zum letzten Augenblick am Kreuz. (Matthäus 27,40 und 42. „… hilf dir doch selbst … wenn du wirklich der Sohn Gottes bist.")

**3.** Zeichnung der **Ausrüstung** aufhängen.
Es bewährt sich, die Reihenfolge zum besseren Behalten zu verändern: von oben nach unten, linke Hand, rechte Hand: Helm, Panzer, Gürtel, Schuhe, Schild und Schwert.

**?** „Was gehört zur **Verteidigung**? Was zum **Angriff**?"
    Welche sechs Ausrüstungs-Teile werden mit welchen sechs „geistlichen Ausrüstungen" verbunden?"

**4. Gemeinsam lernen**
(Immer mit Gesten. Je mehr wir aktiv beteiligt sind, desto besser prägt es sich ein.)

Jeder, der dran ist, steht dazu auf.
Der erste sagt: „Ich nehme den Helm des Heils."
Der zweite wiederholt und führt weiter: „Ich nehme den Helm des Heils und den Panzer der Gerechtigkeit."
Der dritte wiederholt und führt weiter: ... usw.

**5.** Weitere Bibelverse zu den **sechs geistlichen „Ausrüstungs-Teilen"** aufschlagen.
Zettel mit Stellenangaben verteilen.
Jeder denkt über seine Stellen nach.
Vorlesen und Erkenntnisse mitteilen.

1. **Helm** – Schutz für unsere Gedanken: Apostelgeschichte 4,12 und 2. Korinther 10,4 bis 6
2. **Panzer** – Schutz für unsere Gefühle, gegen die Anschuldigungen des Teufels und gegen die Selbstverdammnis:
Römer 3,22/ Römer 8,1/ Römer 8,33 und 34
3. **Gürtel** – Jesus ist die Wahrheit. Er umgibt uns: Johannes 8,32
4. **Schuhe** – Was für ein Vorrecht, an der Ausbreitung des Friedensreiches Gottes beteiligt zu werden: Matthäus 28,19
5. **Schild** – selbst feurige Pfeile dringen nicht durch! Unser Vertrauen auf Gott ist der beste Schutz: Psalm 28,7/ Psalm 91,4/ Psalm 119,114
6. **Schwert** – Das Wort Gottes, das wir auswendig im Herzen haben, schützt uns Tag und Nacht. Und es gibt uns Mut zum Angriff: Hebräer 4,12

**6.** Vorlesen:
## „Den Teufel in die Flucht schlagen"
Dorothee Gleiss (etwa 2 Minuten)

Ich war bei unserer Tochter, um ihr ein paar Wochen nach der Geburt des vierten Kindes zu helfen. Das erinnerte mich an die Zeit, als unsere Kinder klein waren.

Morgens beim Aufwachen griff der Feind an und hielt mir vor, was ich alles falsch gemacht und versäumt hatte, wo ich es an Geduld und Liebe hatte fehlen lassen. Die Zusammenfassung hieß: „Du warst eine schlechte Mutter." Ich ließ resigniert „meine Ohren hängen".

In meinem Kummer fing ich an zu beten und zog die Waffenrüstung an - wie ich es meist morgens tue: Zuerst den Helm des Heils, meine Gedanken unter den Schutz Gottes. Dann den Panzer der Gerechtigkeit. Ich dankte Jesus für die Vergebung und daß es kein Verdammungsurteil mehr für mich

gibt (Römer 8,1). O, Halleluja! Das betraf ja auch alles, was ich an den Kindern versäumt hatte. (Ich hatte dafür ja schon längst um Vergebung gebeten.) Die Freude kam zurück, und ich sprang fröhlich aus dem Bett.
Am nächsten Morgen: Dieselbe Anklage! Ganz schnell griff ich zur Waffenrüstung und schlüpfte mit Loben und Danken in den Panzer der Gerechtigkeit - und der Feind verschwand sofort. Am dritten Morgen hat er es erst gar nicht mehr versucht.
Jakobus 4,7 steht: „Widersteht dem Teufel, dann flieht er von euch."
Das ist wahr! Jesus ist Sieger.

**7. Gebet**: Noch einmal **die Waffenrüstung anziehen**
„Zieht die Waffenrüstung Gottes an, damit ihr gegen die listigen Anschläge des Teufels bestehen könnt." (Epheser 6,11)
Einer nach dem andern zieht ein Teil an und betet dazu.
Gemeinsame Dankgebete.

**8.** Jeder überlegt sich einen Bibelvers als **„Schwertspruch"**, der auf seinem Schwert stehen soll und schreibt ihn auf einen Zettel.
Mit dem „Schwertspruch" in der kommenden Woche den Feind abweisen und angreifen.

**9. Aufgabe**: Täglich mit Gebet die Waffenrüstung anziehen. Über Erfahrungen beim nächsten Mal berichten.

Wenn der Leiter wieder allein ist: Dank und Fürbitte.

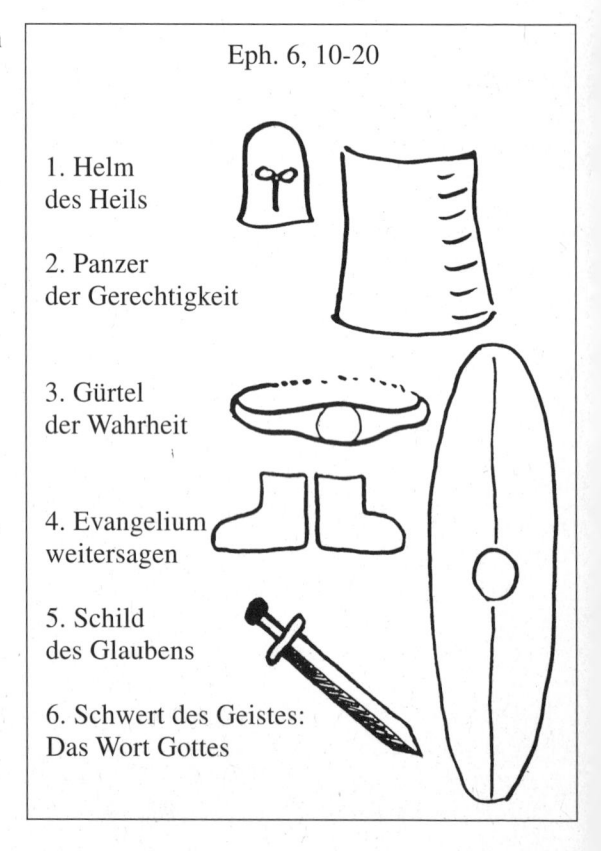

Eph. 6, 10-20

1. Helm des Heils
2. Panzer der Gerechtigkeit
3. Gürtel der Wahrheit
4. Evangelium weitersagen
5. Schild des Glaubens
6. Schwert des Geistes: Das Wort Gottes

# VERFÜGBAR WERDEN 3

## Gehorsam – Ungehorsam – Zweifel

**Vorbereitung:**
- Dank, Bitte und Fürbitte
- Ein Blatt für Stichworte und Filzschreiber

Nach einer Lobpreiszeit oder am Ende: Füreinander beten und auf Erkenntnisse und Eindrücke des Heiligen Geistes warten.
**Erfahrungen** mit der Waffenrüstung austauschen.

**?** **1. „Was will uns hindern, Zeugnis zu geben?"**

Zusammentragen und anschreiben
(Z. B. Hemmungen, Feigheit, Trägheit, Angst vor Spott, Angst vor Fehlern, Stolz, keine Zeit, Bequemlichkeit, Lieblosigkeit)

**2. 2. Mose 3,1 bis 22 und 4,1 bis 17:** Moses Berufung lesen
Vier Mal Ungehorsam und Zweifel des Mose
Jeweils einen Satz nennen und besprechen.

**?** 1.) Vers 11: **„Wer bin ich?"**
a) Was ist der Grund dieser Frage?
(Er blickt auf sich selbst, er blickt auf den mächtigen Pharao, statt auf den zu blicken, der ihn beauftragt.)
b) Wie antwortet Gott darauf? (Vers 12 und 18a)
(„Ich will mit dir sein." Vgl. Matthäus 28,20)

**?** 2.) 2. Mose 4,1: **„Sie werden mir nicht glauben."**
a) Was ist der Grund dieses Widerspruchs?
(Er blickt auf seine Umgebung. Er denkt negativ und pessimistisch. Er glaubt nicht Gottes Zusagen: 3,12a und 18a)
b) Wie antwortet Gott darauf? (Vers 2 bis 9)
(„Ich werde dich bevollmächtigen." Vgl. den Schluß des Markus-Evangeliums.)

**?** 3.) Vers 10: **„Ich kann nicht reden."**
a) Was ist der Grund dieses Widerspruches?
(Er blickt auf seine eigenen Fähigkeiten, Vorwürfe gegen Gott, der nicht die richtigen Gaben gegeben hat.)

b) Wie antwortet Gott darauf? (V.12)
(„Ich werde mit deinem Mund sein." Vgl. Matthäus 10,19: Der Heilige Geist wird euch die Worte geben.)

**?** 4.) Vers 13: „**Sende, wen du willst, aber nicht mich.**"
a) Was ist der Grund dieser Verweigerung?
(die Ursünde: Rebellion, Widerspruch, Selbstbestimmung)
b) Wie antwortet Gott darauf? (V.14 bis 16)
(Gott wird zornig, gibt ihm Aaron, bleibt bei seinem Auftrag.)

**3. Gebete** (u. U. in Kleingruppen)
Schuldbekenntnis für die häufigsten Ausreden und Dank für Vergebung.

Wenn der Leiter wieder allein ist: Dank und Fürbitte

# MACHT SIE ZU JÜNGERN 1

## Mein Kurz-Zeugnis

**Vorbereitung:**
- Dank, den Heiligen Geist um Weisheit und Führung bitten, Fürbitte
- Ein Blatt mit den Zeichnungen zur Gliederung
- Wenn keine ganzen Bibeln vorhanden sind, die beiden Psalmverse auf ein großes Blatt schreiben und aufhängen.

Nach einer Lobpreiszeit oder am Ende: Füreinander beten und auf Erkenntnisse und Eindrücke des Heiligen Geistes warten.

Um Menschen auf Jesus Christus aufmerksam zu machen, ist bei einem Gespräch oft ein kurzes Zeugnis aus dem eigenen Leben hilfreich.

**1. Psalm 66,16 und 34,3 lesen**
Wenn nicht alle dieselbe Übersetzung haben, aus verschiedenen Übersetzungen vorlesen.
Lesezeichen an diese beiden Stellen legen lassen.

**2. Drei Abschnitte, die zu einem Zeugnis gehören sollten:**
(Es ist zum Einüben einfacher, zunächst diese Reihenfolge zu wählen.)

- **Was hat sich bei mir geändert,
  seit ich Jesus Christus mein Leben übergeben habe?**
  (ein oder zwei konkrete Beispiele)

- **Wie war es damit vorher?**
  (wieder konkret auf die Beispiele bezogen)

- **Wie geschah die Lebensübergabe?**
  (Nach einer Zeit zum Überlegen erzählen sich zwei das gegenseitig – kurz und konkret!)

**3.** Nun in der zeitlichen Reihenfolge.
Die Zeichnung aufhängen

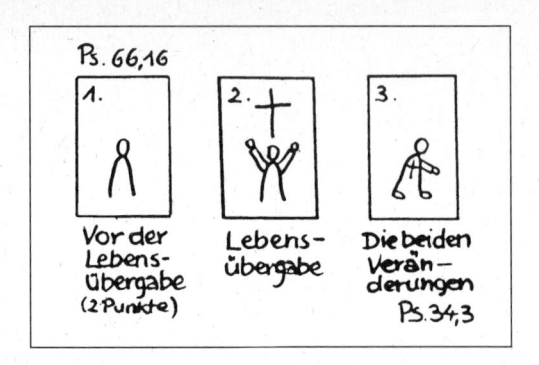

Einige können jetzt vor allen im Kreis ihr Kurz-Zeugnis erzählen. Jeder liest zu Beginn Psalm 66,16 und am Ende Psalm 34,3 vor.

Ein Zeugnis ist keine Belehrung oder Predigt. Es gehört z. B. nicht dazu: „Deshalb sollten auch Sie …" oder: „Ich kann Dir auch dringend empfehlen …"
Noch einmal darauf hinweisen, daß es nicht um eine ausführliche Lebensgeschichte geht. Der Leiter sollte evtl. freundlich unterbrechen und auf die drei Teile der Gliederung hinweisen.

> Psalm 66,1
> - So lebte ich früher
> - So kam es zur Lebensübergabe
> - So hat Gott mich verändert
> Psalm 34,3

Wer sein Leben noch nicht Jesus Christus übergeben hat, kann evtl. nennen, was er gerne in seinem Leben geändert haben möchte.
Der Leiter kann ihm anbieten, ihm anschließend zur Lebensübergabe zu helfen.

**4. Dankgebete** (evtl. in Kleingruppen zu zweit oder zu dritt)

**5. Aufgabe:** Wahrend der Woche irgendjemandem das Kurz-Zeugnis erzählen. Beim nächsten Mal darüber berichten.

Wenn der Leiter wieder allein ist: Dank und Fürbitte

# MACHT SIE ZU JÜNGERN 2

## Evangelium konkret

**Vorbereitung:**
- Dank, den Heiligen Geist um Weisheit und Führung bitten, Fürbitte
- Ein leeres Blatt und Filzschreiber
- Für jeden ein Blatt und Stifte

Siehe hierzu auch die Einheit zur Lebensübergabe Kapitel 5 im Grundkurs: Jesus Christus persönlich annehmen.

Nach einer Lobpreiszeit oder am Ende: Füreinander beten und auf Erkenntnisse und Eindrücke des Heiligen Geistes warten.
**Erfahrungen** mit dem Kurz-Zeugnis berichten.

**1.** Der Leiter erklärt, daß es darum geht, ein Kind Gottes zu werden. Alle Menschen sind GESCHÖPFE Gottes, aber nicht alle sind KINDER Gottes – auch wenn sie Kirchgänger sind. Man wird nicht als ein Kind Gottes geboren oder erzogen. Um ein Kind Gottes zu werden, gehört eine **Entscheidung** dazu.

**2.** Die Bibel aufschlagen, um zu sehen, wie man ein Kind Gottes wird. **Johannes 1,12** und **Offenbarung 3,20** (evtl. in verschiedenen Übersetzungen) lesen.
Offenbarung 3,20 nach kurzer Zeit zum Überlegen mit eigenen Worten sagen (oder: Es ist hilfreich, es aufzuschreiben und dann vorzulesen.)

**3. Das Evangelium in Kurzform** erklären.
Den Teilnehmern sagen, daß sie es sich gleich gegenseitig beschreiben sollen.

1. Bild zeichnen:

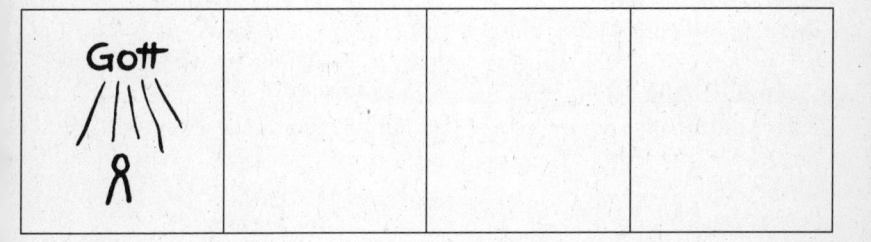

|  |  |  |  |
|---|---|---|---|
| Gott ／｜＼＼<br>人 |  |  |  |

Jeder Mensch ist von Gott geschaffen, um in Gemeinschaft mit Gott zu leben. Gott hat den Menschen nicht als Marionette geschaffen sondern mit einem freien Willen.

2. Bild zeichnen.

Durch die Sünde kam die Trennung von Gott.
Sünde ist „Ich tue, was ICH will!"
„Alle haben gesündigt!" (Römer 3,23) und alle sind von Gott getrennt.

3. Bild zeichnen.

Aber Gott liebte die Menschen immer noch, ja so sehr, daß er seinen eigenen Sohn Jesus Christus die Strafe für unsere Sünden tragen ließ. Er starb für uns am Kreuz. Er hat diese trennende Barriere durch seinen Tod durchbrochen. Nun kann jeder Vergebung und Rettung haben.

Aber es hat keine Auswirkung, wenn es nur ein Kopfwissen bleibt und eine verstandesmäßige Anerkennung ist. Es nützt nichts, wenn man das – auch in Gottesdiensten – hört und nun weiß.
Ohne eine Entscheidung bleibt man damit in einer „religiösen" Unsicherheit. Das Herz bleibt unverändert.

4. Bild zeichnen.
Vor der 4. Zeichnung einen dicken senkrechten Strich ziehen!
An dieser Stelle geht es um eine Entscheidung.

Es geht darum, Jesus sein Herz zu öffnen und ihn und seine Vergebung **von Herzen anzunehmen**. Dann beginnt ein neues Leben in der Gemeinschaft mit Jesus und dem Vater.
Der ist ein Christ, der die Vergebung Jesu angenommen und sich ihm ausgeliefert hat und ihm nun mit seinem ganzen Leben verfügbar ist.

**4.** Diese vier Aussagen könnt Ihr Euch jetzt **zum Einüben** in Zweiergruppen gegenseitig erklären und gleichzeitig dabei zeichnen.

**?** 5. „**Wie kann man vom Kopfwissen** (Bild 3) **zu dieser Herzensbeziehung kommen?**"
Die Teilnehmer erklären lassen.
Sie können auch – wie beim Kurz-Zeugnis – noch mal ganz knapp berichten, mit welchen Worten oder welchem Satz sie Jesus mit dem Herzen angenommen haben.

**6.** Wenn jemand zur Lebensübergabe bereit ist, aber nicht weiß, wie er das machen soll, kann man ihm zwei Punkte für sein Gebet sagen:
1. Bitte um Vergebung
2. Auslieferung

Man kann ihn ermuntern und sagen:
„Wende dich jetzt an Jesus. Sag es ihm – so einfach, wie Du mit mir sprichst."
Es ist gleich, ob es lang oder kurz ist.
Anschließend sollte man für ihn beten und um den Heiligen Geist bitten.
Dann sollte man ihn mit großer Freude als einen Bruder (als eine Schwester) begrüßen.

Jeder, der sein Leben Jesus übergeben hat, braucht sofort jemanden, der sich in den ersten 24 (höchstens 48) Stunden um ihn kümmert (Mann zu Mann, Frau zu Frau!): Der ihn zu Hause besucht, ihn einlädt, ihm (möglichst) ein NT schenkt, ihm zum Beten hilft, ihn zum Bibellesen anleitet, sich mit ihm zum Hauskreis und Gottesdienst verabredet.
Ohne diese direkte liebevolle Hilfestellung und Zuwendung ist die Gefahr sehr groß, daß das neue Leben, das Gott geschenkt hat, wieder verlöscht.

Sollte jemand (oder mehrere) in dem Kreis sein, der sein Leben Jesus noch nicht übergeben hat, dann kann der Leiter ihn fragen (und ermuntern – ohne Druck), ob er diesen Schritt jetzt mit einem kurzen Gebet tun möchte.

**7.** Um das Erklären dieser Kurzfassung des Evangeliums **einzuüben** und mit der Zeit dazu ganz frei zu werden, kann mehrere Wochen lang bei jedem Hauskeisabend einer vor allen andern diese Darstellung wiederholen – immer gleichzeitig mit Anzeichnen.

**?**   Wer ist für das nächste Mal dazu bereit?

**8. Gebete** dazu (evtl. in Kleingruppen)

**9. Aufgabe**: In den nächsten Tagen einem andern das Evangelium beschreiben und dazu zeichnen.
Das nächste Mal darüber berichten.

Wenn der Leiter wieder allein ist: Dank und Fürbitte

# EVANGELISATION PRAKTISCH

## Der Gäste-Abend

Der Hauskreisleiter (nach Möglichkeit zusammen mit seinem „Co-Piloten" und dann auch mit den Teilnehmern) sollte Klarheit haben, in welcher Art sein Hauskreis zur Zeit existiert.
Wie beim Menschen gilt es vier „Altersstufen" zu unterscheiden:

1. Der Mensch muß geboren werden, Menschen müssen zum Glauben kommen. Ein Grundkurs kann dazu helfen.
2. Dann geht es ums Heranwachsen. Jeder Neugeborene braucht Hilfe, um auf eigenen Füßen stehen und gehen zu können. Der begonnene Glaube muß vertieft werden.
3. Der Mensch bereitet sich auf seine kommenden Aufgaben vor. Der Auftrag Jesu heißt: „Macht Jünger" (Matthäus 28,19). Also geht es in diesem Abschnitt darum, den missionarischen Auftrag vorzubereiten.
4. Dann geht es darum, diesen Auftrag auszuführen, also das Erkannte und Gelernte einzusetzen. Für das Leben in einem Hauskreis heißt das jetzt: Wie können wir uns gemeinsam dazu helfen, daß Menschen Jesus Christus kennenlernen und sich ihm ganz anvertrauen?

Eine bewährte Möglichkeit, sich als Hauskreis gemeinsam missionarisch einzusetzen, ist die Einladung zu einem **Gäste-Abend.**

Möglichst alle Hauskreisteilnehmer laden in ihrer Umgebung Menschen ein, die Jesus noch nicht kennen und angenommen haben.
In dieser Einladung (schriftlich oder auch nur mündlich) wird gesagt, daß es dabei um einen Imbiß geht und anschließend um ein Gespräch über den Glauben. Es zeigt sich, daß meistens die Hälfte der Angesprochenen bereit ist, zu solch einem einmaligen Abend zu kommen – also nicht zu einem regelmäßigen Hauskreisabend oder einem Grundkurs.

Nach einem Imbiß, den ein oder zwei der Gastgeber vorbereitet haben, eröffnet einer als Gesprächsleiter ein Gespräch über eine biblische Geschichte aus den Evangelien, um daran zu zeigen, wer Jesus ist und wer wir sind und wozu Jesus gekommen ist. Dazu kann ein kurzes Zeugnis vorgelesen werden oder einer der Gastgeber erzählt sein eigenes Zeugnis. In der Regel wird kein (oder nur ein) geistliches Lied gesungen und auch nur ein ganz kurzes Gebet vor dem Essen gesprochen. Der äußere Rahmen sollte nicht „fromm" sein.

Oft haben wir erlebt, daß Menschen dabei zum ersten Mal in ihrem Leben das Evangelium hören.
Einige des Hauskreises, die niemand zu einem Gäste-Abend als Gast mitbringen konnten, kommen zur selben Zeit in einer anderen Wohnung zusammen, um für die Gastgeber und Gäste zu beten.
Solch ein Gäste-Abend (und das gleichzeitige Gebetstreffen) findet zum selben Zeitpunkt statt, wie sonst der Hauskreis zusammen kommt, so daß kein zusätzlicher Abend notwendig ist. Es gibt Hauskreise, die regelmäßig einmal im Monat zu solch einem Abend einladen.
Wenn Menschen zu mehreren Gäste-Abenden kommen, öffnen sie sich oft und sie fragen nach mehr. So ergibt sich die Möglichkeit, zu einem weiteren Grundkurs einzuladen.

(Weitere Hilfen zu dieser Arbeitsweise in dem Heft: Peter und Dorothee Gleiss, „Der Gäste-Abend – praktisch", missionarische Hauskreisarbeit, mit fünf ausgearbeiteten Einheiten.; 40 Seiten; zu beziehen bei ASAPH.)

# Eine Woche Stille Zeit

„Selig sind, die das Wort Gottes
hören und bewahren."
(Luk 11,28)

---

**Sonntag**     Datum:                    Abschnitt:
Wichtige Erkenntnis, und was ich daraufhin zu tun habe:
_____
_____
_____
_____
_____
_____

**Montag**     Datum:                    Abschnitt:
Wichtige Erkenntnis, und was ich daraufhin zu tun habe:
_____
_____
_____
_____
_____
_____

**Dienstag**     Datum:                    Abschnitt:
Wichtige Erkenntnis, und was ich daraufhin zu tun habe:
_____
_____
_____
_____
_____
_____

**Mittwoch**  Datum:  Abschnitt:
Wichtige Erkenntnis, und was ich daraufhin zu tun habe:
___
___
___
___
___


**Donnerstag**  Datum:  Abschnitt:
Wichtige Erkenntnis, und was ich daraufhin zu tun habe:
___
___
___
___
___


**Freitag**  Datum:  Abschnitt:
Wichtige Erkenntnis, und was ich daraufhin zu tun habe:
___
___
___
___
___


**Samstag**  Datum:  Abschnitt:
Wichtige Erkenntnis, und was ich daraufhin zu tun habe:
___
___
___
___
___


„Himmel und Erde werden vergehen;
aber meine Worte werden niemals vergehen." (Matth 24,35)

# EDELSTEINE – TÄGLICHE STILLE ZEIT

Das mehrfach erwähnte Buch „EDELSTEINE" – Tägliche Stille Zeit ist für das Alte und das Neue Testament erhältlich. Jeder Band hat 416 Seiten, ist fest gebunden und hat ein Lesebändchen. Außerdem ist als Leseprobe ein Auszug aus dem NT-Band erhältlich. In 30 Tagen geht es durchs Markus-Evangelium.

Tägliche Stille Zeit – Neues Testament, Best.-Nr. 147511
Tägliche Stille Zeit – Altes Testament, Best.-Nr. 147512
Tägliche Stille Zeit – Leseprobe (bis 5 Expl. kostenlos), Best.-Nr. 147513

Erhältlich in Ihrer Buchhandlung oder direkt beim Verlag

Das im Buch erwähnte Heft von John Arnott
*Von der Wichtigkeit der Vergebung*
ist bei Ihrem Buchhändler oder direkt beim Verlag erhältlich.

John Arnott
Von der Wichtigkeit der Vergebung
Best-Nr. 147535, 40 Seiten, geheftet

## Außerdem lieferbar:

Peter Nodding
In Gemeinschaft mit Gott leben

Best.-Nr. 147534
48 Seiten, geheftet

Grant Mullen
Depressionen, Ängste, Stimmungsschwankungen & Hyperaktivität

Best.-Nr. 147536
56 Seiten, geheftet

Ed Harding
Krankheit, Heil und Heilung

Best.-Nr. 147533
40 Seiten, geheftet

ASAPH VERLAG